JN327308

ロスコモン州クルアハン。古代アイルランド五王国の1つコナハト王国の集会や祭りの場だった。クルアハンという地名は、女神クロハン・クレーイールグに由来する。この女神は太陽の女神である母の前掛けからこの地に落ちて以来、近くのオウェイナガート洞窟に住んでいるという。夏至の夜明けには、この洞窟に太陽の光が差し込む。

HOLY HILLS&PAGAN PLACES OF IRELAND
by Hector McDonnell
© Wooden Books Limited
© Text 2008 by Hector McDonnell

Japanese translation published by arrangement with
Alexian Ltd. through The English Agency (Japan) Ltd.

本書の日本語版版権は、株式会社創元社がこれを保有する。
本書の一部あるいは全部についていかなる形においても
出版社の許可なくこれを使用・転載することを禁止する。

ケルト、神々の住む聖地

アイルランドの山々と自然

ヘクター・マクドネル 著

山田美明 訳

絶えず厚意と助力で私を支えてくれたネルソンに。

描画は主に以下の資料から転載した。*The Scenery and Antiquities of Ireland* by W. H.Bartlett, London, circa 1850（W・H・バートレット著『アイルランドの風景と遺跡』ロンドン、1850年ごろ）、*Antiquities of Ireland* by E. Ledwich, Dublin, 1804（E・レドウィッチ著『アイルランドの遺跡』ダブリン、1804年）、*Early Christian Architecture in Ireland* by Margaret Stokes, London, 1878（マーガレット・ストークス著『アイルランドの初期キリスト教建築』ロンドン、1878年）。

リーシュ州スカークのヘンジ。「かつての信仰の聖地は、見晴らしのよい小高い丘の上にある……周囲には深い濠が掘り巡らされ、中心には1.8メートルほどのピラミッド型の石がある」（レドウィッチ『アイルランドの遺跡』より）

もくじ

はじめに	*1*
失われなかった過去	*4*
聖なるものの創造	*6*
風景の中の空	*8*
閉じ込められた時間	*10*
大いなる力	*12*
内部分裂	*14*
各地の祭り	*16*
北部	*18*
南部	*20*
西部	*22*
東部	*24*
海沿いの地	*26*
水辺	*28*
丸	*30*
直立	*32*
人が消える	*34*
新たな意味が付与された丘や山	*36*
石を回す	*38*
泉	*40*
島	*42*

付録

山と丘	*44*
ストーンサークル、ヘンジ、石塚、巨石遺跡	*56*
集会や祭祀の場	*61*
神や人の名前	*66*

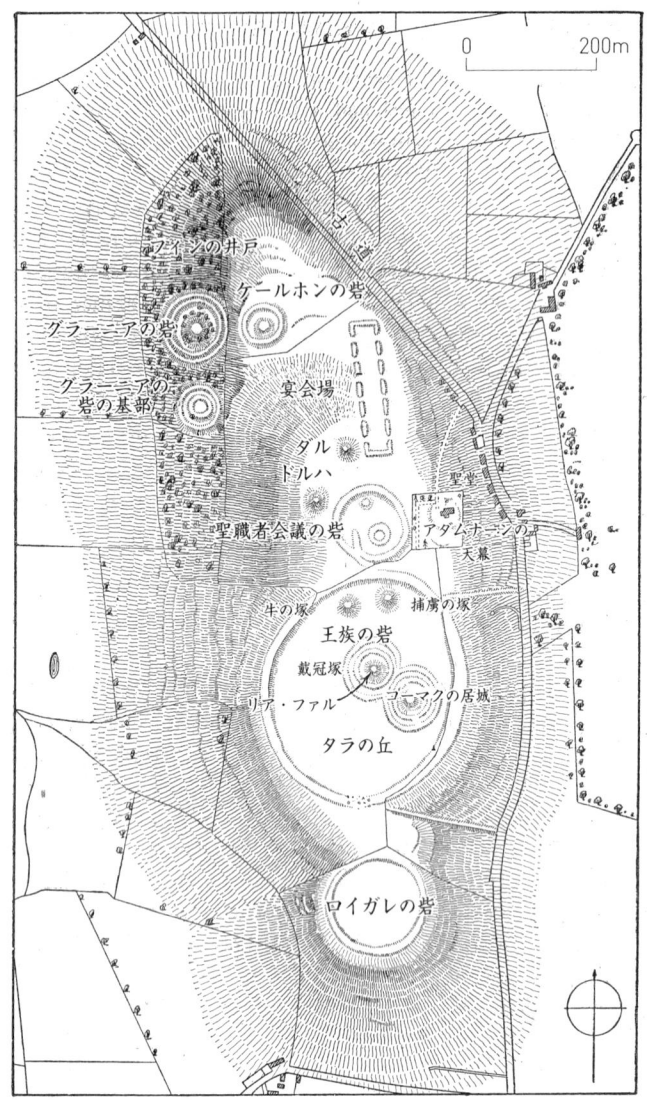

伝説に登場する名称をタラの丘の遺跡の構造物に当てはめようとした初期の一例。

はじめに

　アイルランドは神話的な題材の宝庫であり、たいていどの丘、山、川、谷、湖にも神話につながる伝説がある。伝説の多くは古くから言い伝えられてきたもので、最初にアイルランドに足を踏み入れた人々が何者で、どこから来てどこにたどり着き、何をしたのかを記したものもある。こうした伝承は、キリスト教が普及した中世に『アイルランド来寇の書』としてまとめられたが、この書が成立する過程で、古くから伝えられてきた歴史が歪曲・改変されてしまった。

　最初にアイルランドに人間が住み着いてから数千年後、鉄器時代をアイルランドにもたらしたケルト人は、その国に古くから伝わる神話と自分たちの神話を融合させ、アイルランドの伝説を新たに作り変えた。さらに後には、中世のキリスト教聖職者が、この地の民族の起源にかかわるあらゆる伝承を集め、それを聖書の物語に結びつけ、民族の系譜を都合よく書き換えた。この書き換えられた神話によれば、アイルランド民族の祖先は旧約聖書のノアやアダムにさかのぼることができるという。ノアの玄孫にニールというエジプトのファラオがおり、その娘スコタが生んだミレと呼ばれるスペイン王が、アイルランド民族の祖とされているのだ。

　タラの丘には、アイルランド上王の即位の儀礼に使われた、男根を模した戴冠石リア・ファルがある。キリスト教聖職者はこれさえ相応の聖書の物語と結びつけ、ミレの一行がこの地に来た時に一緒に持ってきたヤコブの枕(創世記第28章10～22節)であると主張した。

W・H・バートレット画

クレア州キルキー近郊のパフィン・ホール。クー・フーリンはこの近くのループ岬で、同様の岩場を飛び跳ねていったという。

J・T・ウィルモア版画製作

失われなかった過去

最初に住み着いた人々

『アイルランド来寇の書』によれば、初めてアイルランドにやって来たのは、ノアの孫娘クェーサルに率いられた一族だったという。彼らはディングルに上陸したが、やがて1人を除いて死に絶えた。その1人は、時に魚や鳥に姿を変えて5000年間生き延び、やがて次にやって来たパルホーロンの一族とともにメイヨーに移り住んだが、この一族も疫病で滅びた。

次にアイルランドにたどり着いたのがネヴェズである。妻の女神マハがアード・マハ(後のアーマー)で生活の基盤を築いている間に、ネヴェズは12の平原を開拓し、アイルランドの聖地であるウシュナに初めての火をともし、フォモール族と呼ばれる凶悪な巨人族を西方に追い払った。ネヴェズの一族は後にアイルランドを離れるが、やがてフィル・ヴァルウ族となった5人が戻り、アイルランドを5分割して統治した。

その後、トゥアハ・デ・ダナーン族が現れた。女神アーネ(アヌ)や男神ダグザを祖とする金属細工に長けた種族である。彼らは魔法の雲に乗り、不思議な道具(リア・ファル、ルーの槍、ヌアザの剣、ダグザの大釜)とともに、コリブ湖およびシュリーヴ・アニアーリン(鉄の山)に降り立つと、フィン・ヴァルウ族をアイルランドの西の果てに追い払った。後に王位につくルーは、ケルトの神ルグスと同一視されるが、アイルランドではフォモール族の王の孫と言われている。

それからしばらく後に、ミレの一族(ミレー族)がケリーにやって来た。この一族に撃退されたトゥアハ・デ・ダナーン族は、この世で暮らすことをあきらめざるを得なくなり、異界の神々となった。アイルランドの丘や巨石建造物の内部には、このトゥアハ・デ・ダナーン族の住処があるという。

上：バントリー湾。南西海岸沿いの丘や湾は、数々の侵攻・襲来の舞台となった。1796年にはこのバントリー湾にフランス軍が侵攻している。奥には、大天使ガブリエルが住んでいるとされるガブリエル山が見える。青銅器時代の銅山としても有名である。
下：古代アイルランドの鉄器。槍の穂先、大釜、矢じり。

聖なるものの創造
あの世の世界を形作る

　古代アイルランド人は、畏怖の念をしばしば石で表現した。もっとも単純なものは石を立てただけだった（ただし、単純なものほど時代が古いというわけではない）。中世の詩によればこれは英雄の墓標なのだそうだが、違う目的のものもある。アルスター地方のある石には、豊穣神の名前が刻まれている。多産を祈る儀式や誓約の儀式に使われる穴の開いた石もあれば、人間が姿を変えたという石もある。激しい風化作用に耐えた石の中には、奇妙な形をしているもの、彫刻が施されているものなども多い。

　青銅器時代のアイルランド人は、数百ものストーンサークルを作り、死者を石棺に入れて埋葬することが多かった。その前の新石器時代には、巨石を使った構造物が数多く作られた。門のような形をした支石墓、石室墓、子宮のような玄室を持つ羨道墳（せんどうふん）、いずれもが目を見張るほどの巨石で作られ、石を積んだ大きな塚で覆われている。そのような構造物は見晴らしのいい場所に造られ、通常は死者の遺灰を収め、入口には火がともされていた。

コーク州ドロンベッグのストーンサークル。

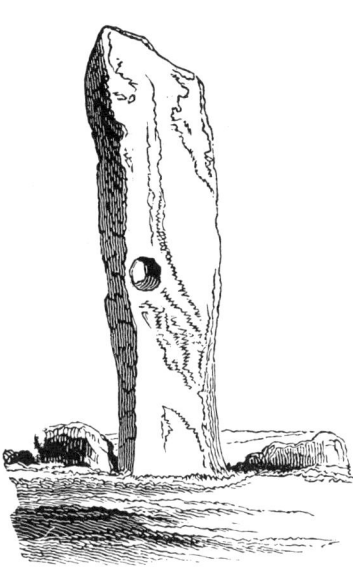

左:アントリム州ドアーのホール・ストーン。夫婦となる者が穴の両方から手を入れて握り合い、貞節を誓った。

下:世界有数の巨石遺跡ブルー・ナ・ボーニャ遺跡にある羨道墳ニューグレンジ。羨道や玄室の天井は持ち送り構造で平たい巨石を支えており、壁龕(壁の凹所)には遺灰を入れた石の鉢がある(11頁上図)。一部の石には見事な装飾が施されている。入口上の開口部は"ルーフボックス"と呼ばれ、冬至の夜明けに太陽光が差し込むよう配置されている。石器時代の建造物、神殿、墓、聖堂からは、入念に細工された骨製のピン、きれいに磨かれた玉のアクセサリー、儀礼用の道具、玉石、男根像などが発見されている。

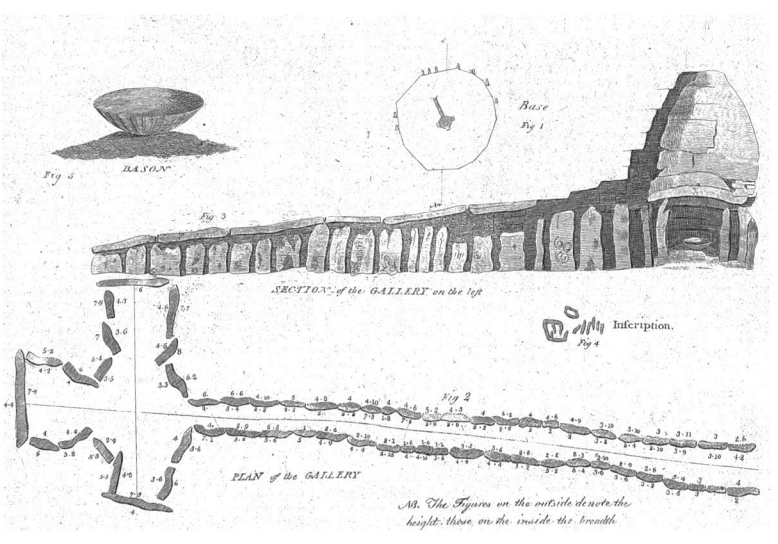

風景の中の空

天をつかむ

　最初期の巨石建造物はスライゴ州のキャロウモアにある遺跡で、おそらく紀元前5000年のものと思われる。ボイン川沿いにブルー・ナ・ボーニャ遺跡ができたのは、それから2000年後のことである。ブルー・ナ・ボーニャとは、"白い牝牛"を語源とする女神ボアンの宴会場を意味する。ボアンは天と地にまたがり、夜空に天の川を、大地にボイン川を生み出したと言われる。

　こうした川と星にまつわる物語は、旧石器時代に広く信じられていた考え方だったようだ。エジプトの神話でも、女神ヌトが空に弧を描いて天の川を作るとともに、大地にナイルの流れを生み出したとある。

　遺跡のある場所では、季節を祝う行事が行われていたことは疑いがない。遺跡はたいてい、夏至や冬至、春分や秋分の日の出や日没の方向に合わせて配置されているからだ。ちなみに、各地に点在している遺跡もまた、相互に関連しているように見受けられる。たとえば、ブルー・ナ・ボーニャ遺跡にあるノウス墳の羨道はロッホクルー遺跡の方向を向いている。そのロッホクルーの羨道は、ミース州のタラの丘、あるいはスライゴ州のキャロウモア遺跡やキャロウキール遺跡の方向を向いている。一方、タラの丘の墳墓の羨道は、北は神話や歴史の舞台となった山シュリーヴ・ガリオン、南はウィックローの山々の方向を向いている。ブルー・ナ・ボーニャの光り輝く石英はこのウィックローの山から採取されたものである。

　石器時代の人々が天に抱いていた畏怖の念は、神話にも影響を与えている。コナハト王国の集会や祭祀の場だった丘にはクルアハンという名称がついているが、これはクロハン・クレーイーグルという女神に由来する。クロハンは、母である太陽の女神グラーニアの前掛けからこの地に落ち、以来オウェイナガート洞窟に住んでいるという。夏至の夜明けには、この洞窟に太陽光が差し込む。

上：タラの丘の西方にはロッホクルーがある。
下：ブルー・ナ・ボーニャ遺跡の墳墓ニューグレンジの入口（発掘・復元される前の様子）。

閉じ込められた時間
季節を区切る

　アイルランドの巨石文化を生み出した人々は、季節の出来事と関連づけて、神聖な羨道や霊的領域への入口を作った。そして、巫女がトランス状態になった時に見る内視現象に似た幾何学的模様を石に刻んだ。

　ブルー・ナ・ボーニャ遺跡を例に取ってみよう。ニューグレンジは冬至の夜明けに、ドウスは冬至の日没になると羨道の奥深くまで光が差し込む。ノウスは、春分や秋分に合わせて配置されているほか、18年周期で月の出の位置が北端に達するたびに、月相や月の模様を刻んだ石が月光を浴びる仕組みになっている。そのほかの遺跡を見ても、よく練られた配置がなされているのは同様である。ロッホクルーには30を超える羨道墳があるが、最大の羨道墳の玄室には豊かに装飾が施された石があり、春分や秋分になると太陽光がそこに当たる。キャロウキール最大の羨道墳では、夏至の日没時になると"ルーフボックス"を通じて内部に光が差し込む。

　神話によれば、こうした神聖な場所の内部では、もっとも根源的な力が働いている。"大いなる父"と称される太陽神ダグザは、ブルー・ナ・ボーニャに入って女神ボアンを妊娠させるという。聖なる山シュリーヴ・ガリオンの羨道墳は、カリアッハ・ヴェーラの住処とされている。カリアッハ・ヴェーラとは、年老いた鬼婆から若い娘に姿を変え、若い男を深淵におびき寄せる豊穣の女神である。この羨道を南にたどっていくと、カリアッハ・ヴェーラが住処とするもう一つの丘、ロッホクルーに至る。

　アイルランドの祭りの多くは、この不思議な暦に対応している。晩夏にはルーナサー、秋にはサウィン（ハロウィーンの原型の1つとされる）、クリスマスの時期には冬至、五月祭のころにはベルティネの祭りが行われる。また、春分は聖パトリックの祝日、春の訪れを告げる古くからあるイモルグの祭りは、今は聖ブリギッドの祝日として祝われる。

左：ブルー・ナ・ボーニャのニューグレンジの東の壁龕。一般的に東側にある壁龕はほかの壁龕よりも大きく、凝った装飾が施されている場合が多い。

下：ロッホクルー最大の羨道墳の壁龕の奥には丹念に装飾された石があり、春分や秋分になると太陽光が当たる。

大いなる力

男神と女神

　現在ではアイルランドの神々のことを、後世の伝承という歪んだレンズを通してしか理解できない。ダグザという神の名称は、dago-Deiwosというケルト祖語が転化したもので、インド・ヨーロッパ語族に共通する空の神に由来する(ラテン語で「神」を意味するDeusや、ギリシャの神Zeusも語源は同じ)。ケルト人は、ブルー・ナ・ボーニャを建造し、大釜で人々の腹を満たしたと言われる古代アイルランドの太陽神に、この名前をあてたのである。またルーは、もともとはケルトの工芸と農業の神で、アイルランドの収穫祭であるルーナサーはこの神にちなむ。

　カリアッハ・ヴェーラやボアン以外にも女神はいる。女神メイヴは、王となる男を次々と虜にしては夫や愛人にし、タラの王権を授けた。詩と豊穣の女神ブリギッドは、ケルトのブリガント族とともにアイルランドにやって来た。2月初めに春の到来を祝う祭りイモルグ("授乳"を意味する)は、後にキリスト教の聖女ブリギッドの祭りとなった。アルスター地方の地母神であるマハは、もともとは単に"ある区画の土地"を意味する言葉でしかなかった。それが、祭祀に使われていたエヴァン・マハ(現在のナヴァン)やアード・マハ(現在のアーマー)という地名を通じて神聖化されていった。

　この神話が豊富な土地では、目立った自然物や遺跡はいずれも異界の神々と関連づけられている。丘や塚には、異界の超自然的存在の住処(シーまたはブルーと呼ばれる)があるとされる。また巨石建造物の彫刻は、何らかの形で石器時代の信仰や神話に関係していると思われる。謎めいた形状や模様の中には、天文学と関係があると思われるもの、女性らしき人の形(ロッホクルー遺跡やディロン州の羨道墳セス・キルグリーン)、男性の人の形(ドウスやブレッシントン山の羨道墳シーフィン)などがある。

上:ブルー・ナ・ボーニャ遺跡にあるニューグレンジ。発掘される前の様子。

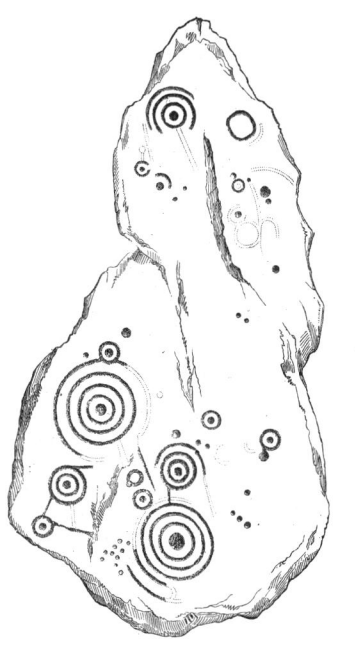

上、下、左:ノウスやニューグレンジで発見された彫刻の施された石。

内部分裂

アイルランド五王国

　フィル・ヴァルウ族がアイルランドを5分割した際、中央部にウシュナの丘を中心とするミデ王国（現在のウェストミース州とミース州に相当）が生まれた。この丘では、初夏になると巨大なかがり火を焚いてベルティネの祭りが盛大に執り行われた。そこには女神エリウが住み、かつては5種ある聖木の1つが生えていた。"アイルランドのへそ"と呼ばれる泉からは12の川が流れ出ていたという。

　また、同じミデ王国のタラの丘には、2柱の神がいる。王に予言を与えたルー、そして虜にした数々の王に王権を与えたメイヴである。新たに王となる者は、荒馬に2輪戦車を引かせ、男根石リア・ファルへと向かった。この石に戦車の車軸をこすりつけた時に石が軋み音を発すれば、石が正式な王と認めたことになるのである。

　アルスター王国の丘エヴァン・マハには、鉄器時代に堂々たる円形の家屋が建てられていた。その跡地からは、アフリカにしか生息していないバーバリーマカクというサルの頭蓋骨が発見されている。だがその後家屋は取り壊され、そこに巨大墳墓から持ってきた石を敷き詰め、巨大な円形の木造構造物が造られた。そしてその建造物をわざと燃やして泥炭で覆い、そこを祭祀の場とした。2000年前にヘンジ（30頁参照）で行われていたのと同じ祀り方である。

　コナハト王国の丘クルアハンには、クロハン・クレーイーグルと呼ばれる女神がいる。この女神の名前には、日没、死、妊娠を想起させる"血の赤"という意味がある。"クーリーの牛争い"という伝承によれば、アルスター王国とコナハト王国の名牛同士がここで戦いを始め、アイルランド中を駆け巡って戦い続けたという。

　レンスター王国の丘ドゥン・アレアネには、以前エヴァン・マハと同様の巨大な円形構造物があった。この王国の最初の王の両親は、女神ボアンと太陽光だったという。

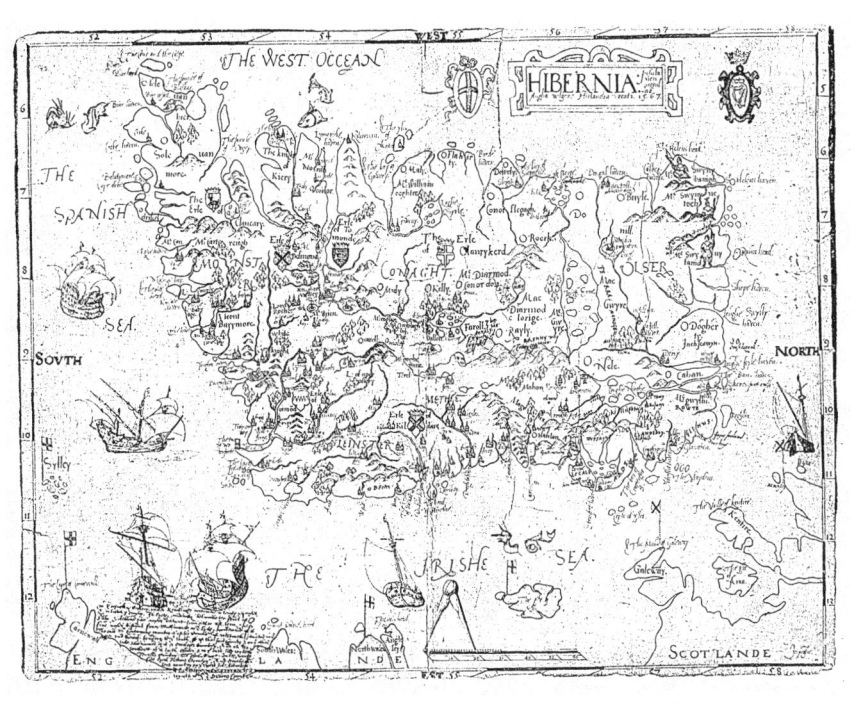

上:古代の地図では、ミデ王国はほかの王国と同等に扱われている。下:タラの丘の戴冠塚。

各地の祭り
王国の共通項

　古代アイルランド五王国にそれぞれ集会や祭祀を行う丘があったように、アイルランドに生まれ消えていった王国にはいずれも、そのような丘が存在していた。そしてどの丘にも、神話的な意義が秘められていた。マンスター王国の玉座があり、5世紀からは司教座の置かれていた丘ロック・オブ・カシェルには、王権の女神モール・ムーンが住んでいた。オシーンが異界の牛と戦ったという物語の舞台になったのもここである。クローガーという丘には、アイルランドの3大神託石の1つがあり、その石には金が混じっていたという。またアーマーの丘は、ダグザと同一視されるダーラが、アイルランドにキリスト教を広めた聖パトリックに贈与したものだと伝えられている。ここからはキリスト教時代以前の彫像が発見されており、銀の腕を持ったトゥアハ・デ・ダナーン族の王ヌアザと思われる像、ロバの耳をしたレンスター王ラヴリド・ロングシャハ像が出土している。

　タラの近くにあるいくつかの集会場のうち、もっとも重視されていたのがテルタウンだった。そこでは毎年、上王の主宰により祭りが開かれ、競走、格闘、模擬戦、水上競技などが行われていた。また、鉄器時代のコナハト王国の3つの集会場には、タラのような男根を模した石柱があった（入念に彫刻が施されたトゥーロー・ストーンなど）。古代アイルランドの民族社会は、こうした丘で行われる集会や祭祀に立脚していた。一部の祭祀は今も残っている。たとえば、アントリム州バリーキャッスルのラマス・フェアは、かつては丘の上で行われていたが、やがて会場をふもとに移し、現在でも開かれている。ケリー州キローグリンで開催されているパック・フェアも同様の起源を持つ。丘に異界の住人が住んでいるという信仰は、やがて古代アイルランドの支配階級が作った砦にも敷衍されるようになった。こうした遺跡が踏み荒らされると、守護神が害悪を及ぼすと言われている。

ファーマナ州タリーで開かれた祭りの1日。

北部

アルスター地方の山々

　アルスターの丘や山には、数多くの神が住んでいる。シュリーヴ・ドナードという山には、キリスト教改宗以前の最後の王の息子がおり、そこにある巨石墓はその息子の住処への入口だという。また、シュリーヴ・ガリオンにある羨道墓は、三相女神カリアッハ・ヴェーラの住居とされている。カリアッハ・ヴェーラは土地とその王権を守る見返りに、最後に収穫された麦束を受け取る。

　クローガーに近いノックマニーは太陽神ダグザゆかりの丘である。そこにある装飾豊かな羨道墳は、シュリーヴ・ガリオンの羨道墳同様、正午の太陽およびロッホクルーの方向を指している。同様に、ロンドンデリー近郊にある砦グリアノン・オブ・オイロックもダグザの住まいである。一方、シュリーヴ・ビーグのティロン州側にある羨道墳は、ノアの息子ビトの墓と言われている。聖パトリックがキリスト教の神を見出した地とされるスレミッシュ山の近隣にさえ、異教の神は宿っている。たとえば、スケリー・ヒルには山のような石塚の上に石柱があり、かつては王国の祭祀の場だった。

　こうした丘や山からは、数は少ないながら祭祀に使われた品々が発見されている。ファーマナ州のトップド・マウンテンの石塚からは、金の柄頭のついた銅製の短剣が出土している。また、キャヴァン州のコーレック・ヒルでは3つの顔を持つ石頭が、その近くのタハート・ヒルでは、ふもとのララガンという湿原で木製の人形が見つかった。この人形には、男根の部分に穴があり、そこに石英のかけらが埋め込まれていたという。ここではかつて、ルーナサーの祭りが1週間にわたり開催されていたが、そのような催しはここだけに限らない。ファーマナ州のベルモア山、ドニゴール州のエリガル山、ダウン州のモーン山地など、事実上あらゆる丘や山で収穫祭ルーナサーが行われていた。

次頁上：アントリム州グレナリフ。
次頁下：フィン・マクールが作ったとされるアントリム州のジャイアンツ・コーズウェー。

19

南部
マンスター地方の山々

　リムリック州には妖精の丘が3つあり、その中はシー、すなわち異界の宮殿となっている。ノッケイニー(クノック・アーネ)の丘には頂上に石塚がある。そこに女神アーネが住んでおり、ある時期になると石塚が開いて妖精が出てくる。そのほか、民族の祖先たちが暮らす3つの塚もある。夏至になると、住民がたいまつを掲げてこれらの塚を囲む。そのたいまつを携えて山を下ると、ふもとに豊穣の力がもたらされるのだという。"真実の丘"を意味するノックフィーリナ(クノック・フィーリネ)は、雲を操る死と豊穣の神である妖精の王の住処である。かつてはこの丘を訪れる巡礼者は、石塚に新たな石を積んでいかなければならない決まりがあった。また、火祭りベルティネと秋の収穫祭サウィンでは丘の中腹に捧げものを、ルーナサーの祭りでは頂上に花を、若い娘が手向けていた。もう1つの丘であるノックグリーン(クノック・グラーニア)には、太陽の女神グラーニアが住んでいる。

　貴重な鉱石には大いなる力があると考えられていたため、"銀鉱山"を意味するシルヴァーマインズ山地でもルーナサーの祭りが行われていた。ケリー州には2連の丘であるパップス・オブ・アヌがあり、その名のとおり女神アーネの乳房だと言われている。同州のシュリーヴ・ミッシュ山地は、ミレの息子たちがトゥアハ・デ・ダナーン族の女王バンバと対決した場所であり、ミレー族の祖であるスコタが埋葬された場所でもある。また、ティペラリー州のシュリーヴナモンという山では、オシーンが生まれている。ここの石塚には、トゥアハ・デ・ダナーン族の王ボーヴ・ジャルグが女の妖精とともに暮らしているという。ケリー州のブランドン山はキリスト教の聖人ブレンダンの聖地として知られるが、ブレンダンがやって来る前は太陽神ダグザの住処だった。

次頁上:キラーニーのアッパー湖。
次頁下:ケリー州のダンロー山峡。

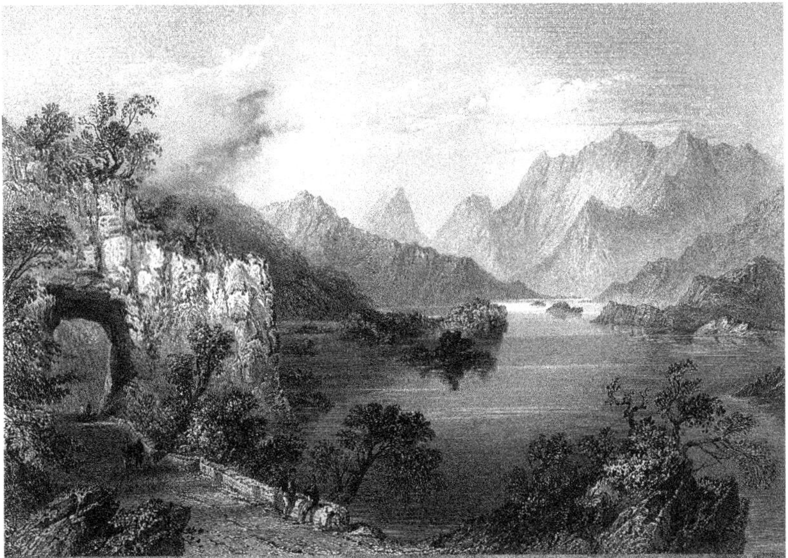
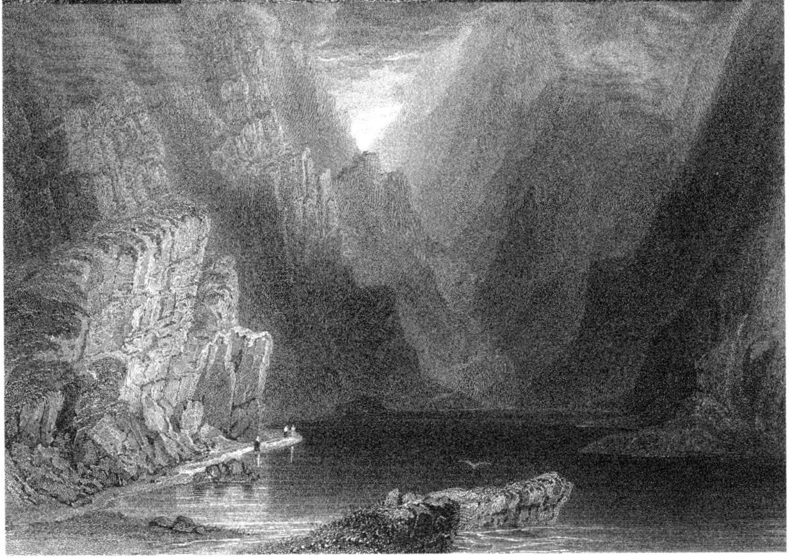

西部

コナハト地方の山々

　クロー・パトリック山は、アイルランドの国民的聖人であるパトリックが異界の最大の敵を打ち破った場所として有名である。現在でも、7月末のルーナサーの祭りの開催日にいちばん近い日曜日には、ここで巡礼が行われる。数百人が山を登り、聖堂で祈りを捧げるのである。アイルランドの先史時代の金の大半はこの近辺で採掘されていることから、この山に対する信仰はパトリック以前からあったものと思われる。

　ゴールウェイ州にあるマウミーンという山では、ルーナサーの祭りが長らく行われていた。クロム・ダウの日曜日と呼ばれる日に住民がこの山に登り、クロム・ダウ（"黒い異形の神"の意）に収穫を感謝し、引き続きの豊穣を求めるのである。その際には音楽や踊りを存分に楽しんだほか、山の両側の住民が棍棒を持って戦ったという。

　キリスト教が広まってからも、こうした山々の伝承が失われることはほとんどなかった。スライゴ州のノックナッシーには、その名称が"妖精の丘"を意味しているように、巨大な砦の遺跡がある。またゴールウェイ州のノックマーの丘には4つの石塚がある。1つは数多くの王を虜にした女神メイヴ、1つはノアの孫娘クェーサルの住処である。さらにもう1つには妖精の王フィンヴァラが住み、人間をおびき寄せているという。また、スライゴ湾を望むノックナレアの丘には、4万トンを超える石で作られたメイヴの最大の石塚がある。メイヴはこの丘の内部で、最強の戦士とともに槍を手にして立ち、アルスター王国を攻撃する機会をうかがっている。その近くのケアンズ・ヒルにある巨石構造物には、"大いなる父"太陽神ダグザがいる。

次頁上：コナマーラ地方のイーグル山。
次頁下：コナマーラ地方のキラリーズ岬。

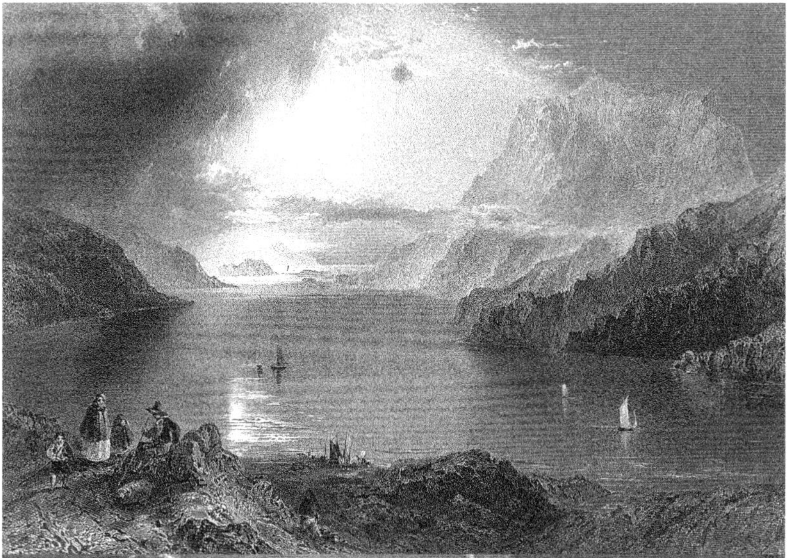

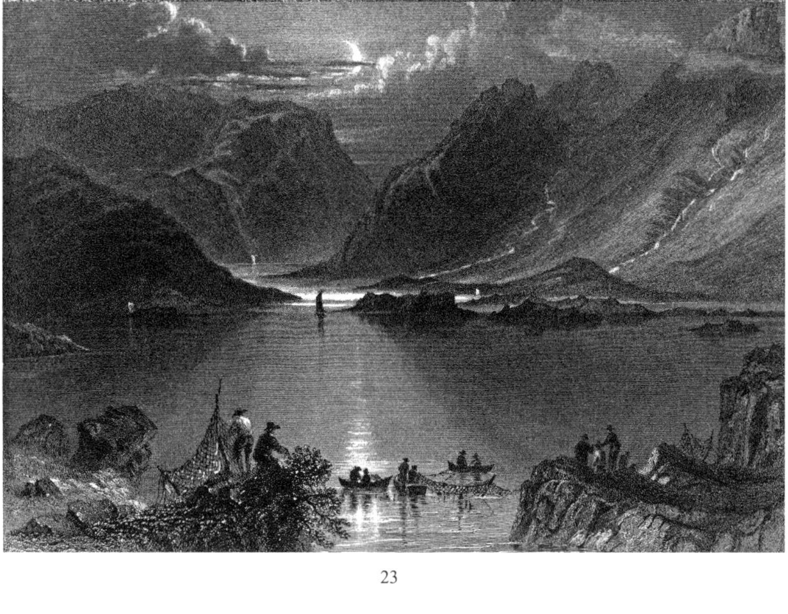

東部
レンスター地方の山々

　レンスター地方の伝承には、詳細のわからないものが多い。たとえばリーシュ州のデュナメース・ロックは、プトレマイオスが作成した地図に掲載されていることを考えれば、かつては重要な地だったに違いない。しかし現在では、その中に宝があり、火を吹く犬がそれを守っているといったあいまいな話しか伝わっていない。アイルランド上王コナリィ・モールが最期を迎えたというダ・デルガ（"赤い死神"）の館の場所も同様にはっきりしないが、ダブリン・ヒルズのどこかだと思われる。

　ウィックロー州の丘の頂上には数多くの羨道墳がある。中でもバルティングラスのものは巨大であり、美しい石の鉢を備えている。バルティングラスやシーフィン、ミース州のフォーノックスの羨道墳はいずれも、羨道が北を向いており、星の位置やブルー・ナ・ボーニャの方向を指しているものと思われる。ブルー・ナ・ボーニャの石英は、これらの丘から採取されたものである。キルデア州のアレンの丘には、英雄フィン・マクールの伝承が詳細にわたり伝えられている。ロングフォード州のアーダ・ヒルでは、トゥアハ・デ・ダナーン族の王ミディールが、妖精の乙女エダンをめぐってミレー族のエオホズ・アイレヴと長い戦いを交わした。地元の住民によれば、この丘には巨人が住んでおり、子供を丘の内部に引きずり込んで地下の居城へ連れて行くのだという。

　レンスターのルーナサーの祭りで忘れてならないのが、ウェクスフォード州ブラックステアーズ山地のケア・ローズ・デンで開催される祝祭である。住民たちは、初物のジャガイモを食べた後ここに登り、歌や踊り、ベリー摘みや格闘を日がな一日楽しんだという。

次頁上：ウィックロー州エニスケリー。
次頁下：リーシュ州のデュナメース・ロック。

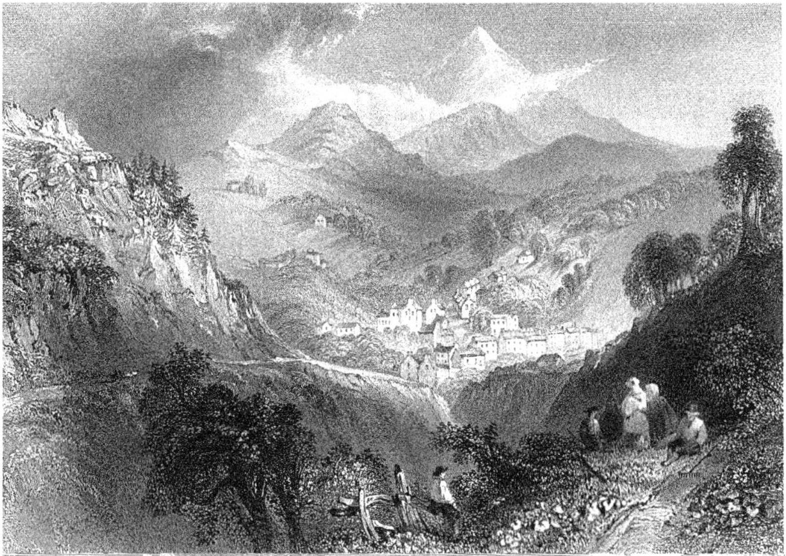

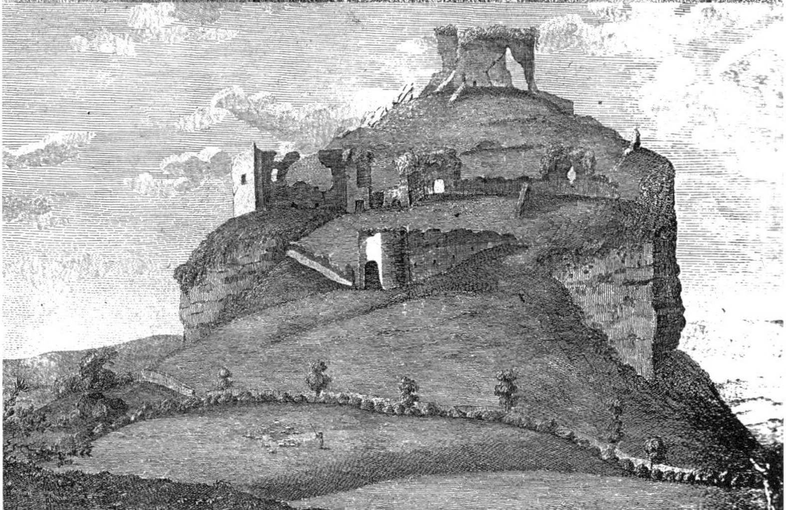

海沿いの地
岬や沿岸地帯

　アイルランドの大地の端にあたる沿岸部は、あの世との接点として神聖視されてきた。そこは、初期の入植者がたどり着いた場所であるとともに、次の入植者によって追放された場所でもある。中でもとりわけ異色なのが、恋人の聖地とされるダブリン州のホウスの丘だ。ここは、戦士エーダルが女神アーネへの愛を叶えられず、悲痛のあまり死んだ場所である。そのためこの丘は、アイルランドの有名な恋物語の主人公ディルムッドとグラーニア、デアドラとウシュリウの息子ノイシュといった恋人たちの隠れ家となった。それとは対照的に、コーク州のさまざまな岬には獰猛な魔物が住んでいる。たとえば、マイズン・ヘッドには雷の神バロール、ベアラ半島には醜悪な女神カリアッハ・ヴェーラがいる。またケリー州では、ケンメア湾の島に死神ドウンが住み、シュリーヴ・ミッシュ山地にはミレー族の祖スコタが眠っている。ブランドン山も、聖ブレンダンの山となる前はダグザの山だった。神話の中では、聖ブレンダンはダグザの孫となっている。

　南西部で神聖視されるトゥアハ・デ・ダナーン族とは対照的に、野蛮なフォモール族は北へ追いやられ、トーリー島へ逃れた。フィン・マクールが作ったとされるアントリム州の奇観地形ジャイアンツ・コーズウェーは、そのはるか以前にフォモール族が作ったものだという言い伝えもある。一方、その近隣のフェア・ヘッドという岬には"灰色の男の通り道"があり、この男とは海神マナナン・マクリルではないかと言われている。マクリルは海神リルの息子たちの１人だが、彼らは白鳥に姿を変えられ、何百年もこれらの岬の沖を飛んでいたが、やがて荒れ果てた大西洋岸に追放され、フィル・ヴァルウ族最後の砦の上空をさらに何百年もさまよった後、あの世の神となったという。

次頁上：アントリム州のフェア・ヘッド。"灰色の男"の住処。
次頁下：クレア州キルキーの天然橋。

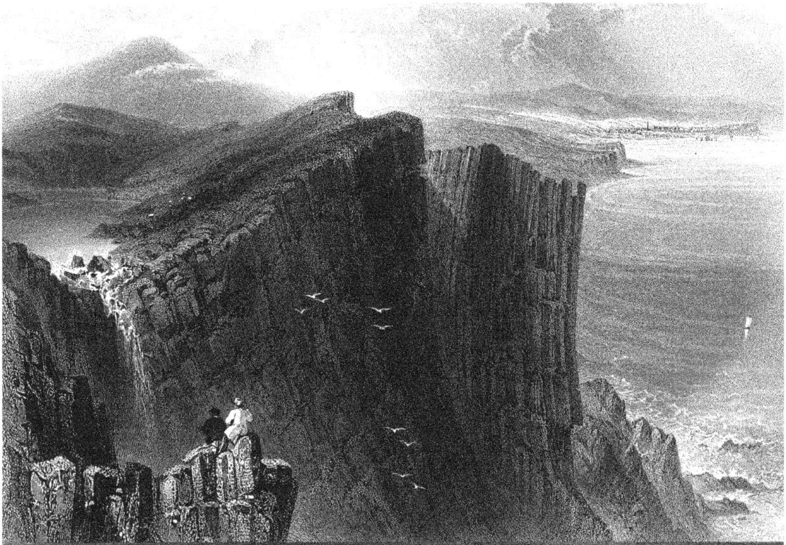

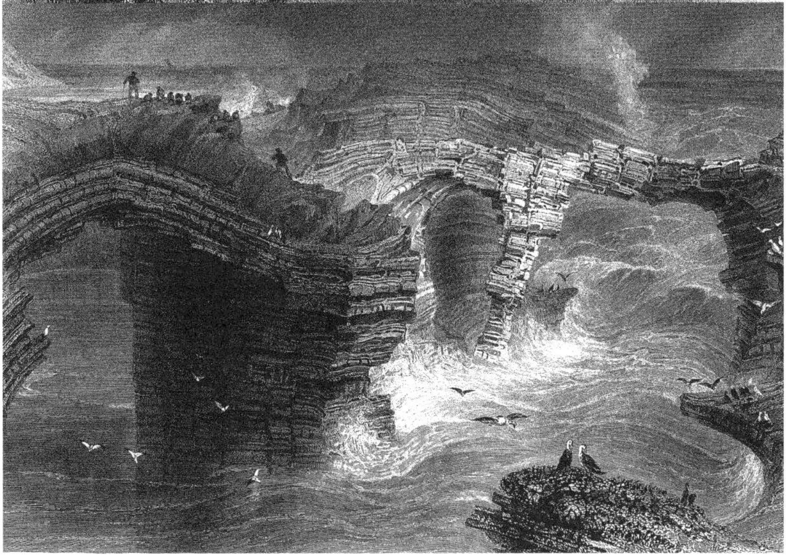

水辺
川や湖

　アイルランドの水辺には、神話に結びついた物語が無数にある。ウェストミース州のオーウェル湖は、女の巨人があちこちにひきずり回して現在の場所に至ったという。またダーグ湖には、三相女神の1柱で戦士の相を表すコラがヘビに姿を変え、聖パトリックを丸呑みしてしまったという伝説がある。ロスコモン州のラガン湖にもヘビにまつわる物語がある。

　そのほかにも湖にまつわる伝承はいくらでもある。ルーが雪と嵐の神バロールの眼をくり抜いたのは、スライゴ州のスール湖でのことである。リムリック州のグル湖には、女神アーネが人魚となって住んでいる。リルの息子たちは、ウェストミース州のデラヴァラー湖で白鳥の姿にされた。またネイ湖は、エオホズ（ダグザの別称）の馬の小便により形成されたと言われる。

　ボイン川の流れは女神ボアンが生み出したものだが、ボアンという名前の語源をさかのぼっていくと、最終的にはケルト語の知恵を意味する語に至る。フィンの語源も同様である。英雄フィン・マクールは川にまつわる伝説にも登場する。ボイン川の水源近くに生えていた聖なるハシバミの木から、知恵の実が川に落ちた。その実を食べたサケをフィンが食べたところ、フィンに未来を見通す力が備わったという。

　シャノン川の名称は、豊穣と知恵を授ける母神シナンに由来する。そのためルーナサーの祭りの際には、水にかかわるさまざまな儀式が行われていた。1682年の記録にこう記されている。「ガーリック・サンデー（7月の最終日曜日）には、飼い馬を湖で泳がせる……こうすることで馬の健康が年末まで保障されると信じているのだ……また、飼い牛を池や川に追い込み、一緒になって水浴びをする」

次頁上：伝説の大蛇が潜んでいたというメイヨー州のフィンロッホ湖。
次頁下：キラーニーのデリークニイー滝。

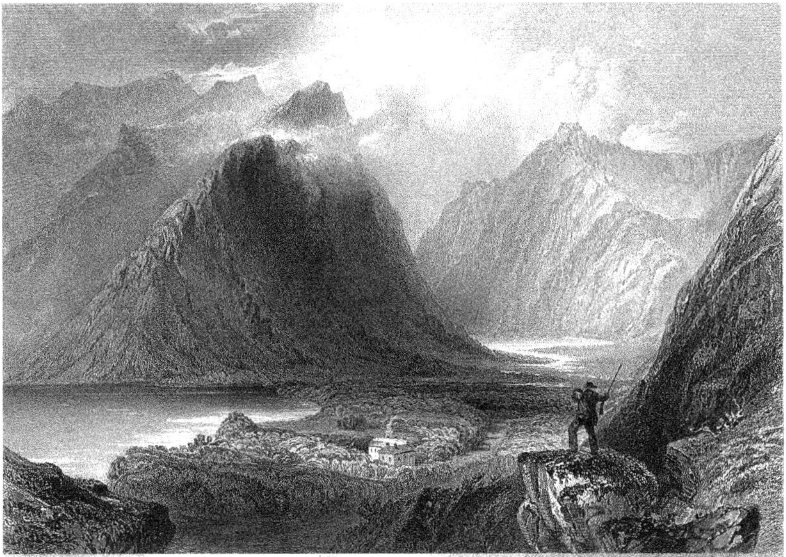

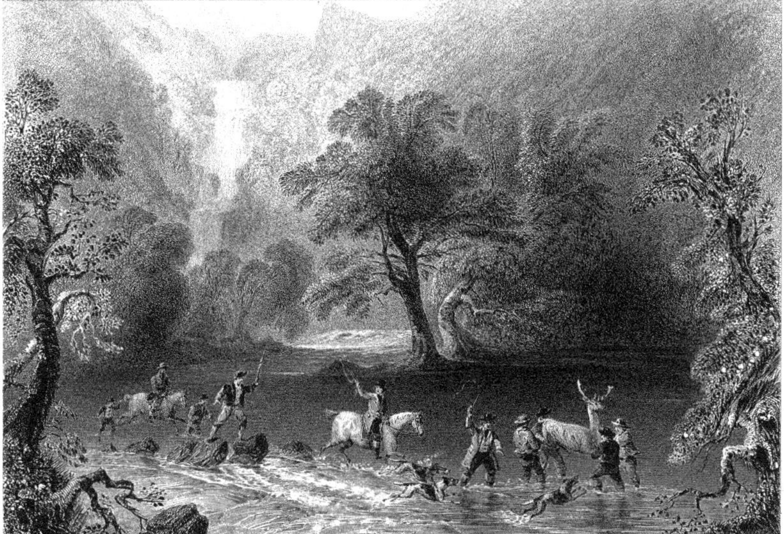

丸
円形の遺跡

　巨石建造物が生み出された新石器時代が終わりに近づくと、各地にヘンジが現れ始めた。ヘンジとは、天文学的な配置構造を持つ、石や土塁や溝で構成された巨大な円形の構造物のことである。かつては内部に精巧な木製構造物があったと考えられているものも多い。リムリック州グレンジには、リオスというきわめて美しいヘンジがある。最大のヘンジは、ベルファストの南の高地にあるジャイアンツ・リングだが、ドウスのヘンジもそれに匹敵する。中には、もはやクロップマーク（埋没した古代遺跡などを示す、植物が生育度合いの差によって作り出す模様）としてしか見出せないヘンジもある。タラに近いバリーバッティンのヘンジもその1つだ。

　青銅器時代に大量に作られたストーンサークルは、入植者が伝えたものと思われる。たとえば、ダウン州ダンドラム近郊にあるバリーノーのストーンサークルは、海を隔てたグレートブリテン島のカンブリア地方のストーンサークルときわめて類似している。また、南部マンスター地方のストーンサークルは、少し前の時代にスコットランド北東部で作られたストーンサークルに似ている。ほとんどのサークルは、重要な日の日没方向に向けて作られている。コーク州ドロンベッグのサークルは冬至の日没方向、ボホナーのサークルは春分・秋分の日没方向を向いている。

　こうしたストーンサークルは伝承にも事欠かない。クロナキルティのストーンサークルの中央に立つ石英の石柱は"太陽の石"と呼ばれている。ケリー州リッシーヴィギーンに並ぶ石や、ウィックロー州のパイパーズ・ストーンズ（笛吹きの石）は、踊っていた人々が石に姿を変えられたものだという。また、キャヴァン州キリークルーギンのサークルは聖パトリックに反抗したクロム・ダウの王宮、ティロン州ビーモアのサークルはドラゴンの歯だと言われている。アルスター地方にはストーンサークルが多く、スペリン山地に点在している。

上：ダウン州ダンドラム近郊バリーノーのストーンサークル。直径30メートルほどの巨大な円上に不揃いな石が狭い間隔で並べられ、ふもとに向けて二重の入口が設置されている。その形態は、グレートブリテン島カンブリア地方沿岸のストーンサークルと酷似している。

下：アイルランド南西部のストーンサークルは、横に倒した石の配置、石に開けられた数多くの盃上穴が特徴で、石英を豊富に含んだ石を使用している。スコットランド北東部のストーンサークルとよく似ている。左下はケリー州のストーンサークル（一部崩れている）、右下はダウン州シュリーヴ・ナ・グリドルのストーンサークル。

直立

巨大な石柱

　古代の石柱は、アイルランドの至るところで見られる。その大きさや形は、太くて短いものから背の高い優雅な姿のものまでさまざまである。メイヨー州ドゥンフィーニーの石柱は、優に6メートルを超える。中世の詩『アイルランドの石』によれば、これらの石は英雄の墓標だという。実際、キルデア州のパンチズタウンやロングストーンの石柱は、青銅器時代の墓の上に立っている。

　だがそのほかにも、天文学的な意図で立てられた石もあると思われる。また、興味深い伝承を持つ石もある。リムリック州のストーン・オブ・ザ・トゥリー（木の石）は、近くの湖に生える聖木の一部と言われている。ラウス州にある英雄クー・フーリンの石には、瀕死の重傷を負ったクー・フーリンがその石に体を結びつけて、戦いを続けたという伝説がある。穴の開いている石は、多産や豊穣の儀式に使われた。カーロウ州アゲードにある石は、穴に新生児を通してさらなる多産を願った。

　鉄器時代に入ると、彫刻を施された石や成形された石が現れた。トゥーローやキャッスルストレンジの石、あるいはリア・ファルなどがその代表に挙げられる。タラの丘にあるリア・ファルのような、明らかに男根を模したと思われる石はいずれも、王国の集会場に立っていた。さらに時代が下ると、個人を称えるオガム文字の銘が石柱に刻まれるようになった。コーク州ファンキルにある5メートルもの石柱が有名である。キリスト教もまた石の魔力を受け入れ、石柱にキリスト教にかかわる図像を刻んだり、背の高い石の十字架を作ったりした。そして治癒能力のある石、浮いたり飛んだりできる力を持った石、聖人の膝や足の形をした石を神聖視した。石像シーラ・ナ・ギグは女性の出産を守ると言われ、教会などに掲げられていた。コーク州のブラーニー城にあるブラーニー・ストーンには、キスをすると話がうまくなるという不思議な力がある。

上：これらの石は呪術的な用途に利用された。左の石は、穴の両側から差し入れた手をつなぐことで、誓いを立てたり願いごとをしたりした。中央の石はタラの丘にあるリア・ファルで、王の生殖能力を象徴している。右はコーク州モナータガートの石柱で、オガム文字の銘を刻んで偉大な英雄の功績を称えている。オガム文字は縦と横の直線で古代アイルランド語を表した。

左下：ロスコモン州タウボーイ教会のシーラ・ナ・ギグ。女性はこの石像に触れ、安産を祈願した。中央下：新生児を石の穴に通すと、ほかの石の穴を通じて再生すると考えられていた。

右下：オガム文字を刻んだデュラス近郊の石。

人が消える
人間と妖精が出会う場所

アイルランドの神聖な地には、聖なる木もたくさんあった。不滅の木として崇拝の対象になった木もあれば、アイルランドの五王国それぞれを象徴する聖木もあった。ウシュナの丘に生えていた聖木は、聖パトリックがたどり着くと倒れてしまったという。また、後に現れる聖ケヴィンはイチイやヤナギ、聖コルンバはオークと関係が深い。聖なる泉にはたいていそばに木が生えており、民衆はその木にぼろ布を結びつけた。布がそこに残っている間は祈りが聞き届けられると信じられていたからだ。ウェストミース州フォアの泉、アントリム州クランフィールドの聖オルカンの泉、クレア州の聖フラナンの泉が有名である。

かつては、先人や精霊、神々が神聖な地の地下に暮らしていると考えられており、その世界に通じる出入口があると信じられていた。その出入口を通じて、精霊や神々があの世からこの世にやって来ると同時に、この世の人間も時にはあの世を訪れることができるのだという。そのため必然的に、こうした出入口を破壊することはタブーとされてきた。出入口となるのは、古代の砦、聖木や石柱のあるところ、塚などである。

地下は神秘の異界につながっており、精霊や神々の力がきわめて強い。そのためアイルランドの鉱夫は、神隠しにあうかもしれない深夜に地下に入ることを嫌った。スライゴ州のキャロウキールの丘にあるケッシュコラン洞窟は、精霊の出入口として、あるいは女神モリガンの住処として知られている。また、アイルランドの3大洞窟とされるロスコモン州クルアハンのオウェイナガート洞窟、ダブリン近郊ハウスの洞窟、キルケニー州のダンモア洞窟も同様に有名である。オウェイナガート洞窟ではサウィンの祭りの際、人があの世に消え、精霊がネコに姿を変えてこの世に現れると言われている。

左:アーマー州の聖パトリックの泉にあったこの木のように、聖木には地下の世界にまで届く力強い根が生えていた。また鳥にはあの世とこの世を行き来できる不思議な力があり、洞窟内の両世界の境い目に巣を作っていたという。

下:アントリム州のダンケリー洞窟。いつ訪れても、この世とあの世の存在が出会いそうな独特の雰囲気を持っている。

新たな意味が付与された丘や山
キリスト教の建造物

　西暦431年、教皇がアイルランドにパラディウス司教を派遣し、これによりアイルランドにキリスト教会が確立された。初期の教会は、タラの丘に近いダンショーリンやアーマーなど、それまで信仰の場とされてきた王国の丘に近い丘の上に建てられることが多かったという。こうしてキリスト教が定着するにつれ、古くからの聖なるものに新たな意味が付与されるようになった。

　タラの異教の祝祭の炎は瞬く間に、聖パトリックが執り行う復活祭の炎に凌駕された。聖なる泉や神聖な丘には、キリスト教の供物が捧げられるようになった。聖木も例外ではない。ロンドンデリーのオークやカーロウ州ロスのイチイはキリスト教の聖人と関連づけられることになった。皮肉なことに、聖パトリックの幻視体験、あるいはそれを引き起こした肉体的・精神的状態は、古代の巫女がトランス状態で見る幻覚にきわめて類似している。それがアイルランドの巨石に刻まれた図像のもとになったことを考えれば、こうした信仰のすり替えがあったとしても不思議ではない（聖パトリックはそのような事実を認めようとしないだろうが）。

　こうして、かつての聖地が新たな宗教の衣をまとった。黄金の神託石で有名なクローガーは、長らく王国の祭祀の場だったが、やがて司教座が置かれることになった。トゥアハ・デ・ダナーン族の王の居城があるとされるアーダ・ヒルには、大聖堂が建てられた。

　アントリム州スケリーでは、聖パトリックの奴隷時代の主人の家が焼失した跡地に教会が作られた。これは、ウラズ王国のエヴァン・マハで祭祀の場を作った方法と同じである。また、女神ブリギッドにまつわる場所や祭りの大半が、キリスト教の聖女ブリギッドのものとなった。

　女神の聖地キルデアは聖女の聖地となり、春の訪れを祝って2月初めに行われるイモルグの火祭りも、女神の祝祭から聖女の祝祭へと変わった。

ゴールウェイ州セント・マクダラ島の教会とミース州ケルズの聖コルンバ教会の礼拝堂。アイルランドの初期キリスト教会はどれも、小さな祈祷所のようなものだった。ティペラリー州ゴールデンヴェールのキャッシェル大聖堂(下)のような後世の壮大な建造物とは、規模も雰囲気も大きく異なる。

石を回す

呪いと癒し

　古い教会跡や聖なる泉では、ブランと呼ばれるものが見つかることが多い。ブランとは、平らな石に丸いくぼみをつけ、そのくぼみに水で摩滅した丸石を置いたものである。この丸石は、聖なる泉の中で生まれたと言われ、呪いの石として利用された。クレア州キルムーンでは、ある人物の名前を唱えながらこの丸石を回すと、その人物の口が斜めにゆがむと信じられていた。コナマーラ地方のジョイス・カントリーでは、虚偽の告発をされた人がこの石を回し、神に天罰を求めると、告発をした者に災いが降りかかるという言い伝えがある。アキル島沖に浮かぶイニッシュケア島では、復讐を望む者はみな、相手が「成功することも寿命をまっとうすることもできませんように」と祈りながら、泉のそばで3度石を回したという。

　しかしこのブランは、太陽と同じ方向に回せば病気の治癒にも利用できた。ドニゴール州の聖コナルの泉にあった癒しの石は、ほとんどの病気を治したという。スライゴ州の聖アトラクタの泉にあった13個の石や、トゥーマーの祭壇跡で発見された17個の石も同様である。同州キラリーのブランも治癒能力があることで有名だった。ブランのくぼみにたまった水にも、病を癒す効果があったらしい。石を回して超自然的な力を呼び寄せるという呪術は、かなり古い時代からあったと思われる。ニューグレンジには、円形のくぼみが複数ある石の鉢など、くぼみのついた石が数多く存在する。こうした特徴は、多くの遺跡で共通している。ケリー州のステイグ・ブリッジやデリーナブラハには、カップ・アンド・リング・マーク（盃状のくぼみとそれを囲む円形の溝でできた模様）をいくつも配した新石器時代の石がある。

前頁左:ブラックリオン近郊キリナーの聖ブリギッドの石。

前頁右:トゥーマーの祭壇。ダンベル状の石と球形の石がある。

上:石が置かれたイニッシュムーリー島の"小祭壇"。

中:呪いの石が置かれたイニッシュムーリー島のクロハ・ブリュハ祭壇。

下:聖アトラクタの祭壇。
ブランの力に対する信仰は根強く、キリスト教化された後も広く信じられた。同様の遺跡はアイルランドの至るところで見られる。

泉

湧き出る水

　聖パトリックが清めたとされる泉は無数にある。ティロン州アルタデーヴンの泉、ダウン州のストゥルエルの泉、スライゴ州やゴールウェイ州の聖パトリックの泉は、いずれもそうである。ドニゴール州のエフネの泉では、願いごとをする際、古代の石塚や立石の周りを回った後、泉で足を洗うという決まりがあった。このような決まりは、数多くの泉に見られる。その効験は、嫉妬心の抑制から、関節炎や歯痛、視力の衰えの治癒まで、泉によってさまざまである。ケリー州グリャン・ナ・ニャルト（ギャルト[熱狂者]の谷）の泉は、リチウムを豊富に含むため精神異常に効果があり、中世のロマンス『さ迷えるスウィーニー』に登場するスウィーニーの狂気さえ治癒したという。アントリム州クランフィールドの泉にある琥珀の小石を1つ飲み込んでおくと、アメリカ行きの航海で溺れ死ぬことはないという言い伝えもある。

　聖ブリギッドの泉の多くはもともと多産と豊穣の女神ブリギッドの泉だったため、子供を求める女性や出産の無事を祈る女性がよく訪れる。ラウス州フォーアートにある聖ブリギッドの泉のそばには、この聖女の父親の農場があったとされ、そこで聖女はとてもたくさんの食料を生産したと言われている。クレア州リスカナーにある聖ブリギッドの泉は妊娠を促す効能がある。ウェストミース州ブライズウェルにある泉も同様で、あるアイルランドの伯爵は、数多くの子供を授かった感謝の印として、泉のほとりに礼拝堂を建てた。

前頁左：アードモアの聖デクランの泉（1830年）。

前頁右：イニッシュムーリー島の聖モレーズの泉。

左：スライゴ州トベルナルトの泉と祭壇。

下：クレア州の聖セナンの泉。
聖なる泉にはそばに木が生えており、願いごとをする人はその木に布やメッセージを書いたものを結びつける。こうした泉は、近辺でしか知られていない地元の聖人と関連づけられている場合が多い（カーロウ州の聖モリング、リートリム州の聖エイダンなど）。たいていは数多くの魚がおり、水をきれいに保っている。

島
あの世へ通じる道

アイルランド周辺の島々にもまた、古代の神々や精霊の力が宿っていると考えられていた。ドニゴール州のトーリー島には、獰猛なフォモール族の砦があった。フィル・ヴァルウ族はアラン諸島を隠れ家にしており、死神ドウンはケリー沖の島に住んでいた。

アーン湖に浮かぶボア島は、戦士の女神バイヴ・カハにちなんで名づけられた島で、ここからは前後2つの顔を持つ鉄器時代の優れた石像が出土している。西方にある島は、ティル・ナ・ノーグ（常若の国）という異界への入口に近いとされていた。

初期のキリスト教徒は島を好んだ。島にいれば、自然に守られて静かに暮らせるうえ、舟を使えば容易に本土と連絡を取ることもできたからだ。島に修道院が設立されたのは、ストラングフォード湖のネンドラム島が最初である。以後、アーン湖のデヴェニッシュ島、ダブリン沖のランベイ島、アラン諸島の島々、トーリー島、クレア州のホーリー島、ケリー州のブラスケット諸島、メイヨー州のケア島と、次々に修道院が建設された。

修道士はとりわけ無人島を好んだ。悪の力は水を渡れないため、無人島では悪に毒されていない共同体を一から作ることができる。その極端な例と言えるのが、ケリー沖に浮かぶスケリッグ・マイケル（ミカエルの岩の意）だろう。ここは島というより大西洋から突き出た岩でしかないが、そんな場所で修道士たちは500年間も修道生活を送っていたという。実際、当時の修道士たちは、無人島を求め、枝編みの胴に革を張っただけの粗末な手漕ぎ舟で遠方へ旅立っていった。

ヴァイキングよりも先にアイスランドを発見したのもアイルランドの修道士である。この修道士たちはそのままアイスランドに住み着いたが、ヴァイキングが現れるとその地を離れ、手漕ぎ舟でさらに西へ向かった。彼らがその後たどった運命は知られていない。

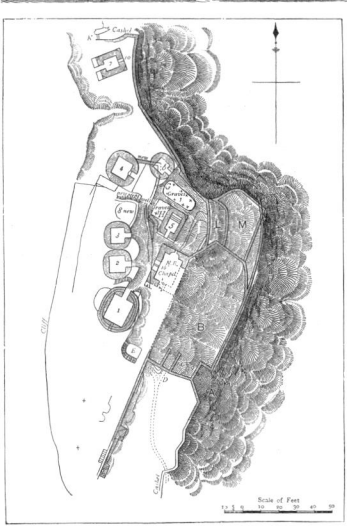

上、左:ケリーの沖13キロメートル、大西洋にそびえ立つスケリッグ・マイケルの修道院。何世紀もの間に無数の巡礼者が訪れ、命をかけた苦行を行った。島の最高地点には、幅の狭い石が海の上に突き出るように載っている。そこに刻まれた十字架にキスをするのも苦行の1つだった。マイケルとは、ドラゴンを退治した大天使であり、戦士や船乗りの守護聖人でもある聖ミカエルのことである。かつてはヨーロッパ中に、地面から隆起した土地を聖ミカエルに捧げる風習があった。コーンウォールのセント・マイケルズ・マウント、フランスのモン・サン=ミシェル、イタリアのモンテ・サンタンジェロはいずれもそのような風習の産物である。

山と丘

アーダ・ヒル（ロングフォード州）
アイルランドに金属を伝えたというトゥアハ・デ・ダナーン族の王ミディールの住処ブリ・レイがある。ミディールは、アルスター王の娘エダン・エヒレーアをここに連れてきたが、妻がエダンを水たまりに変えてしまった。エダンはやがてチョウに姿を変え、ブルー・ナ・ボーニャに住む太陽神ダグサの息子エーンガスのもとに飛んでいったという。8月の第1日曜日にビルベリーを摘む習慣があるが、丘の巨人が摘む者を隠れ家に引きずり込んでしまうという伝承がある。

アナスコール（ケリー州）
英雄クー・フーリンがここで1週間巨人と戦った。この英雄の名前のついた石塚が3つあり、標高553メートルのところにある"クー・フーリンの家"と呼ばれる石塚でルーナサーの祭りを祝った。

アルタデーヴン（ティロン州）
ルーナサーの祭りは7月後半の日曜日のブラウベリー（ビルベリー）・サンデーに開催される。丘に登ってベリーを摘み、遊戯や踊りを楽しみ、"聖パトリックの椅子"と呼ばれる石に腰掛ける儀式を行った。聖パトリックはそこから説教を行い、ヘビを近くの岩に閉じ込めたという。

アレンの丘（キルデア州）
英雄フィン・マクールの数々の伝承がつたわる。

アン・ドゥーナ（メイヨー州）
ポータクロイの岬の砦。7月の最終日曜日、若者が初物のジャガイモを食べた後ここに集まり、ルーナサーの儀式を行い、踊りに興じた。

ウィックロー山地（ウィックロー州）
シーフィンやクローンベインなどの山頂には、巨石墳墓が数多く存在する。クローンベインの巨石は、英雄フィン・マクールがこの地に投げたと言われている。最高峰は標高925メートルのルグナキラである。

ウィックロー州のダウンズ峡谷

オーリス・ヘッド（スライゴ州）

ガーランド・サンデーに行われたルーナサーの祭りでは、初物のジャガイモを食べた後、聖なる泉で輪を作ってベリーを食べ、遊戯を楽しみ、結婚相手を決めた。妖精が踊ると、妖精の砦に光が差すという。

カールントハー・ヒル（ロンドンデリー州）

丘の頂上には巨人タハル・モールが住む石塚が、その下にはストーンサークルと石柱がある。ここの湖は、フィンの犬ブランが掘って作ったとされる。ビルベリー・サンデーにはこの丘の上でルーナサーの祭りを祝った。

カールン・トレウナ・ヒル（ドニゴール州）

8月の第1日曜日にあたるビルベリー・サンデーには、若者がこの丘を登って女性にビルベリーの腕輪を作り、歌や踊り、話に興じた。最後に腕輪は丘の上に残しておいたという。

ガナヴァ・ヒル（ドニゴール州）

ロスギル半島の最高峰。晩夏の日曜日に若者がここに集まり、話や歌に興じ、持ってきた花を埋めた。踊りの競技会が開かれ、勝者は好きな女性を妻にめとることができた。

コーク州のゴエインバラ湖

キナウリー(ファーマナ州)
7月の最終日曜日にあたるドナー・サンデーにルーナサーが行われ、大岩の周りに集まり、聖ナーリャの泉を訪れた。

キャリッカチューク山(アーマー州)
かつては頂上に石塚があったが、今では"聖パトリックの椅子"と呼ばれる石が残るだけである。聖パトリックがここで獰猛な牛を手なずけたという言い伝えがある。ブラウベリー・サンデーにはルーナサーの祭りが行われ、つい最近まで数千人が集まったという。

キャリックバーン・ヒル(ウェクスフォード州)
頂上に石塚があり、7月の第2日曜日に開かれるルーナサーの祭りで利用された。石塚の中には秘密の洞窟がある。

クロアーアン(メイヨー州)
アキル島にある標高688メートルの山。7月の最終日曜日にあたるガーリック・サンデーには、若者が初物のジャガイモを食べてこの山に登り、ベリーを摘む。

クロー・パトリック(メイヨー州)

標高764メートル。聖パトリックはこの山頂で40日間断食を行いながら祈りを唱え、神の恩寵を求めた。その際、つきまとってきた邪悪な鳥を、聖ブリギッドの鐘で退治したという。聖パトリックが古の神ルーを倒したのもここである。ルーナサーの時期には、現在でも巡礼が行われる。

ケアンズ・ヒル(スライゴ州)

太陽神ダグザの休息の場とされる。

ケッシュコラン(スライゴ州)

頂上に石塚がある。竪琴弾きのコランが、町に破壊と死をもたらしていた邪悪なブタを竪琴の音色で魅了し、退治するのを手伝ったため、トゥアハ・デ・ダナーン族がこの丘をコランに与えたのだという。ガーランド・サンデーには、大勢の群衆がいくつもある洞窟の周りに集まった。この洞窟は、新石器時代から祭りに使われていた。

コーレック・ヒル(キャヴァン州)

先史時代の3面の石頭が発見されている。かつてはルーナサーの祭りの舞台となった丘であり、聖なる泉もある。

シーハン・ヒル(ロスコモン州)

7月と8月にルーナサーの祭りを祝った。

シーフィン(コーク州)

頂上の石塚を訪れた後、ルーナサーの儀式が行われた。

シュリーヴ・アニアーリン(リートリム州)

"鉄の山"を意味する。魔法の雲に乗ってアイルランドにやって来たトゥアハ・デ・ダナーン族は、最初ここに降り立ったという。夏に敬意を表するため、水の流れが注ぎ込んでいるパルティと呼ばれる穴、ベラヴァリーの谷にある2つの妖精の石塚、そしてこの山の山頂でルーナサーの儀式を行った。シュリーヴはアイルランド語で山の意。

シュリーヴ・カラン(クレア州)

標高366メートルの丘で、巨石建造物がいくつかある。8月初旬のクロム・ダウの日曜日にルーナサーの祭りを祝い、花をまいて遊戯や踊りを楽しんだ。

シュリーヴ・ガリオン(アーマー州)

同州の最高峰。羨道墳はカリアッハ・ヴェーラの住処とされ、その羨道はロッホクルー(シュリーヴ・ナ・カリアッハ)の方向を向いている。収穫した麦のうち、この女神に捧げる分は、収穫の宴のテーブルの上に吊り下げられた。20世紀に入ってからもルーナサーの儀式が行われていた。

シュリーヴ・クロオブ（ダウン州）

巨石墳墓の周りでルーナサーの儀式が行われ、墳墓に石を積み、音楽や遊戯を楽しんだ。

シュリーヴ・スナト（ドニゴール州）

イニシューウェン半島の最高峰。目の病に効くとされるスールの泉がある。7月の最終日曜日には、聖パトリックが大蛇を退治したと言われる場所に若者が集まり、ベリー摘みや踊りや遊戯を楽しんだ。

シュリーヴ・ドナード（ダウン州）

モーン山地にある。初期にアイルランドに移住してきたパルホーロン族の父祖パルホーロンが、息子を埋葬したとされる巨石墳墓がある。だがこの墳墓は後に、ドナルトが暮らすあの世への入口と考えられるようになった。ドナルトは、聖パトリックからこの山の守護を任された人物で、最後の審判の日までアイルランド中を見守っている。

シュリーヴ・ビーグ（クローガー近郊）

山頂にはノアの息子ビトのものとされる羨道墳がある。また斜面には、聖パトリックが聖別したとされる椅子の形をした石"聖パトリックの椅子"と聖なる泉がある。

リーシュ州デュナメース・ロック

シュリーヴ・ブルーム
(ポートリーシュとオファリーの間)
フィン・マクールが子供のころ、ここの隠れ家に住んでいたという。7月の最終日曜日には標高527メートルの山頂でルーナサーの儀式や遊戯が行われた。

シュリーヴ・ミッシュ山地(ケリー州)
トラリー近郊の山地。火の祭りベルティネが行われる初夏のころ、ミレの息子たちが近隣にたどり着き、トゥアハ・デ・ダナーン族のバンバやその一族と戦った。

シュリーヴ・ラッシーン(キャヴァン州)
8月初旬のトーリー・ホール・サンデーには、西側の山腹にあるトーリー・ホールという洞窟でルーナサーの儀式が行われた。かつてバイオリン弾きがこの洞窟に入って姿を消したが、その音楽に合わせて妖精の踊る音がいまだに聞こえてくるという。

シュリーヴナモン(ティペラリー州)
英雄フィン・マクールが異界の女性を追ってこの丘に来た際、女性が扉を閉めた時に親指を挟んでしまった。以来、その親指をなめると未来が見えるようになったという。

シルヴァーマインズ山地(ティペラリー州)
中央には小さな峰モーアーシュリーヴがある。ルーナサーの儀式の一環として、そこの石塚に石を積んでいた。先史時代から銀や鉛、亜鉛が採掘されていた。

スケリー・ヒル(アントリム州)
聖パトリックの奴隷時代の主人の砦があった。パトリックが帰ってくると、主人はキリスト教への帰順を拒んで焼身自殺した。その跡地に教会が建てられた。

スケルプ(メイヨー州)
7月の最終日曜日にあたるガーリック・サンデーに、初物のジャガイモを食べて遺跡のそばに集まり、ルーナサーの儀式や遊戯を行った。毎回、特別なビルベリーのパイを作る少女が選ばれていた。

スケルプ・ヒル(ティロン州)
晩夏にビルベリー摘みや遊戯のほか、巨石を持ち上げる競技会が開催された。

スレミッシュ山(アントリム州)
聖パトリックが奴隷時代、家畜の世話をした山。

ダウンパトリック・ヘッド（メイヨー州）

ガーランド・サンデーには初物のジャガイモを食べた後、ここに集まってルーナサーの祭りを祝い、歌や踊り、遊戯、格闘などを行った。巡礼は大きな岩の裂け目を越えて古い教会にたどり着くと、そこから崖の端へ向かった。

タハート・ヒル（キャヴァン州）

踊り、歌、遊戯を伴うルーナサーの祝宴が1週間にわたって繰り広げられた。ふもとで見つかった先史時代の木製の人形には、男根のあった部分に残された穴に石英のかけらが入っていた。

ダブリン・ヒルズ（ダブリン州）

アイルランド上王コナリィ・モールが殺されたダ・デルガの館があったと思われる。

タラガン（リートリム州）

3つの城と聖なる泉があるオックス山地の丘。ルーナサーの祝祭では「行商人が手早くウィスキーやジンジャーブレッドを売りさばく中」、バイオリン弾きや笛吹きが音楽を奏で、数多くの遊戯が行われた。

チャーチ山（ウィックロー州）

収穫を祝うルーナサーの祭りの際にはこの山に登り、ベリー摘みや遊戯を楽しんだ。頂上に石室墳墓があるほか、治癒効果のあるとされる聖なる泉もある。

トーリー・ヒル（キルケニー州）

標高294メートルの山頂では異教の神々への礼拝が行われていた。フィン・マクールが犬を連れてこの辺りでヘビ狩りをしたが、湖にはまだこの時のヘビが生き残っているという。この山はルーナサーの祭りで名高かった。

トップド・マウンテン（ファーマナ州）

幅27メートル、高さ4メートルの石塚には、複数の石棺が納められている。石棺には、金の柄頭のついた銅製の短剣、骨壺、遺灰が入っていた。7月の第3日曜日にあたるビルベリー・サンデーには、住民がこの山に登ってベリーを摘んだ。

ドラング・ヒル（ケリー州）

頂上に巨石墳墓がある。ピルグリメージ・サンデーには各家庭が菓子や食料を持ち寄り、頂上で料理をして食べた後、花をまいた。牛の市も開催された。

トリスティア（メイヨー州）

7月末のガーランド・サンデーには、聖なる泉のほとりで徹夜祭が行われた。泉で目の病が治ったという者もいれば、嫉妬心が消えたという者もいる。

メイヨー州バリナ

ノックグリーン（リムリック州）
マンスター地方にある3つの妖精の丘の1つで、太陽の女神グラーニアの住処である。頂上部はノックシーフィン（フィンの妖精の塚がある丘）という。

ノックシーゴウナ（ティペラリー州）
妖精が祭祀や儀式を行う場所であり、7月半ばのガーランド・サンデーにはルーナサーの儀式や遊戯が行われた。

ノックナッシー（スライゴ州）
"妖精の丘"を意味し、広大な石灰岩の台地の上に、大きな砦と2つの石塚がある。

ノックナドバー（ケリー州）
標高690メートル。7月の最終日曜日になると、頂上に立つ6つの石柱の近くでルーナサーの祭りを祝った。その際には、聖フルサの泉にも訪れたという。

ノックナレア（スライゴ州）
標高327メートルの頂上には、女神メイヴの広大な石塚がある。使用された石の量は4万トンを超えると推定される。中には巨石で作られた羨道と玄室があり、メイヴはその玄室の中で、最強の戦士とともに槍を携えて立ち、アルスターを攻撃する機会をうかがっている。

ノックフィーリーナ（リムリック州）

マンスター地方にある3つの妖精の丘の1つで、"真実の丘"を意味する。死と豊穣の神ドゥン・フィーリネが、今は妖精の王として丘の内部に住んでいる。この王は雲を集めることができるという。ルーナサーの祭りを始める際には、この王の石塚に新たに石を積んだ。

ノックマー（ゴールウェイ州）

頂上に、酩酊と王権と馬の女神メイヴが住む新石器時代の巨大な石塚がある。メイヴは数多くの男の愛人となり、土地に豊穣をもたらす。

ノックマニー（ティロン州）

頂上の羨道墳には巨石による玄室があり、英雄フィン・マクールの住処とされている。彫刻を施された石が数多く存在し、羨道は正午の太陽の方向、あるいはロッホクルーの方向を指している。

ノックエイニー（リムリック州）

女神アーネの聖なる丘。その住処は石塚の下にある。マンスター地方にある3つの妖精の丘の1つで、夏至の前夜にはたいまつを掲げて登った。時には女神が人間の姿をして現れるという。

リムリック州キャッスルコネルのドゥーナス滝

バーネインの岩(ティペラリー州)

7月の最終日曜日のロック・サンデーにはこの標高480メートルの丘に登り、ルーナサーの儀式や遊戯を行う。

パップス・オブ・アヌ(ケリー州)

女神アーネの乳房。ここでもルーナサーの祭りが開かれ、ベリー摘みや遊戯やさまざまな競技が行われた。

バリーヘディー・ヒル(キャヴァン州)

青銅器時代の石棺を含む巨石墳墓がある。1900年代初頭までルーナサーの祭りが開かれていた。

ブラックステアーズ山地(ウェクスフォード州)

聖パトリックと争ったクロム・クルアッハの洞窟、ケア・ローズ・デンがある。かつて少女が洞窟の中へと誘われ、地下へ引きずり込まれそうになったことがあったが、地元の住民に助けられたという。7月の最終日曜日に行われるルーナサーの祭りは有名だった。

ブランドン山(ケリー州)

山頂にある山型の小屋は聖ブレンダンの家だった。聖ブレンダンはその後、"牛の革で覆った枝編みの舟"で航海に出発した。

ベラリーナン・ヒル(キャヴァン州)

聖パトリックがシュリーヴ・アニアーリンでクロム・クルアッハを倒した後、ここの泉を清めたと言われる。ルーナサーの祭りではこの泉を訪れ、踊りや歌、遊戯を楽しんだ。近くに妖精の道がある。

ベルモア山(ファーマナ州)

頂上の羨道墳には、羨道の先に十字型の玄室がある。ルーナサーの儀礼を行い、競技や遊戯を楽しむ行事が1950年代まで行われていた。

ホウスの丘(ダブリン州)

戦士エーダルは、女神アーネへの恋を成就させることができず、悲痛のあまりここで死んだ。アーネはマンスターの地母神で、リムリック州のノッケイニーに住んでいる。悲恋物語の主人公であるフィアナ騎士団の騎士ディルムッドとグラーニア、あるいはテアドラとノイシュはここを隠れ家とした。

マアリンテンプル(キャヴァン州)

8月の第1日曜日には、住民が"聖パトリックの寺院"と呼ばれる遺跡に集まった。そこの石からしみ出る油はあらゆる病気に効き、聖パトリックがここで牛を生き返らせたと言われている。

ウィックロー州キリニー

マウミーン(ゴールウェイ州)

聖パトリックがコナマーラ地方への神の加護を祈ったとされるモームターク山地の峠。ルーナサーの祭りでは、聖パトリックがクロム・ダウを退治した偉業が称えられた。これは、かつての雷と嵐の神バロールとルーの戦いがキリスト教的な物語に置き換えられたものと考えられる。

マリーアッシュ・ヒル(モナハン州)

1942年のブラウベリー・サンデーにはまだ大勢の群衆が集まっていたという。巨人の足跡がついているという石を訪れ、遊戯や踊り、競技を楽しんだ。

マリナキル(キルケニー州)

聖モリングの生地で、洞窟や泉がある。かつてはルーナサーが行われていた。

ラソルト山(ドニゴール州)

ブラウベリー・サンデーには若者がここにやって来て、踊りや歌、遊戯、結婚相手探し、ビルベリー摘みを楽しんだ。

ラッカー山(リートリム州)

7月の最終日曜日にあたるガーランド・サンデーには、地元の住民が初物のジャガイモを食べた後、湖のほとりに立つ2つの石のそばに集まり、音楽を奏でながら丘

メイヨー州バリーナヒンチ

を登って花をまき散らし、ビルベリーを摘んだ。

リーフリン・ヒル（ドニゴール州）
地下通路を持つ古代の砦。若者が集まってブラウベリーを摘み、イネ科の植物から作ったスープを飲んだ。

ロッホクルー（ミース州）
シュリーヴ・ナ・カリアッハ（カリアッハの山）とも呼ばれる。この丘の尾根には30を超える羨道墳がある。最大の羨道墳には、玄室に豊かな装飾を施された石があり、春分や秋分に太陽光が当たるよう配置されている。興味深いことに、シュリーヴ・ガリオンにある収穫の女神カリアッハ・ヴェーラの羨道墳の羨道は、この女神の名前を持つもう1つの丘、ロッホクルーの方向を向いている。

ストーンサークル、ヘンジ、石塚、巨石遺跡

　以下の遺跡は主に、紀元前3000〜2000年に作られたが、その後も数千年にわたり重要な祭祀の場であり続けた。シケリアのディオドロスは紀元前1世紀、ある遺跡についてこう記している。
「この島には、堂々たるアポロンの聖域、数多くの奉納供物で飾られた円形の驚くべき神殿がある」

アスグレニー（ウィックロー州）
"太陽の場"を意味する。パイパーズ・ストーンズ（笛吹きの石）とも言う。円形に巨石が14個並び、夏至の日の出に合わせて配置されていると思われる。安息日の日曜日に踊っていた人々が石に変えられたという伝説がある。深夜になると妖精がバグパイプを鳴らすという。

キャロウキール（スライゴ州）
ブリックリーヴ山地にある14の巨石羨道墳が並ぶ遺跡。紀元前3000〜2000年に作られ、各羨道はそれぞれ太陽や月の位置に対応している。羨道墳Gにはニューグレンジのようなルーフボックスがあり、夏至の日没時に光が差し込む。

キャロウモア（スライゴ州）
紀元前5400年ごろに作られたと思われるアイルランド最古の巨石構造物を含め、55の羨道墳が確認されている。これらの羨道墳は輪を描いて並び、多くの穴が中央の大きな石塚の方向を向いている。中央の石塚からは、7体分の人骨および大量の木炭が発見されており、火葬が行われた場所と思われる。

キリークルーギン（キャヴァン州）
入念に彫刻が施された鉄器時代の3つの石の1つ。金箔で装飾され、ストーンサークルのそばに置かれていたが、そのストーンサークルは、邪教の神クロム・クルアッハの力を断つため聖パトリックにより破壊されたという。

キルティアナン

キルクルーニー（ドニゴール州）
支石墓。高さ1.8メートルの支石が6メートルもの巨大な天井石を支えている。

グレンシーン（クレア州）
楔形の石塚。2つの長い側石が天井石を支えており、玄室からは青銅器時代のものとされる金の首飾りが発見されている。

シーフィン（ウィックロー州）
ブレッシントン山の羨道墳。羨道をたどっていくと、5つの壁龕を持つ玄室に至る。玄室入口の2つの石には同心のダイヤモンド模様が描かれ、入口の天井石にある5つの線は北を指している。星に合わせて配置された遺跡は、ここを含めて3ヶ所しかなく、いずれにもダイヤモンド形の模様が刻まれている。

ジャイアンツ・リング（ベルファスト）
アイルランド最大の祭祀遺跡。高さ3.5メートルの土塁が直径およそ80メートルの円を描いており、その内側に新石器時代の支石墓の遺跡がある。外側には2列の巨大な支柱で形成される長さ90メートルもの楕円形の構造物があり、その内側には、板張りの通路があった。

シュリーヴ・ガリオン（アーマー州）
羨道墳が複数あるが、南にある"カリアッハ・ヴェーラの家"と称される羨道墳は、アルスター地方では屈指の巨大羨道墳で、直径は24メートルを超える。紀元前3000年ごろのものと思われる。その羨道は、この女神の名前を持つもう1つの丘であるロッホクルーの方向を向いている。

セス・キルグリーン（ティロン州）
長さ3メートルの玄室を持つ羨道墳。玄室のいちばん奥の石は、2つ描かれた同心円の真ん中にあり、さらに小さな同心円模様で装飾されていて、夏至の日の出の方向を向いている。太陽の女神グラーニアと関係がある。

ボイル

ブレナンズタウン

タラ（ミース州）

この丘にある羨道墳"捕虜の塚"は、春の始まりの2月初旬および冬の始まりの11月初旬の日の出に合わせて配置されている。玄室のいちばん奥の石には、円と弧の模様が描かれている。トークと呼ばれる金の装飾品が2つ発見されており、紀元前2000年ごろのものと思われる。

テンプルブライアン（コーク州）

クロナキルティのストーンサークル。かつては9個の石が立っていたというが、現在残っているのは周囲に4個、中央に1個のみである。中央の石は石英で、地元では"太陽の石"と呼ばれていた。

ドロンベッグ（コーク州）

縦に置かれた16個の石と、横に置かれた幅2メートルの軸石から成るストーンサークル。軸石には2つの盃状穴がある。中心近くのくぼみには、鉄器時代の若者の骨と骨壺のかけらがあった。冬至の日没の方向を向いている。

ノックマニー（ティロン州）

羨道墳。砂岩の巨大な石板には複雑な彫刻が施されている。正午の太陽およびロッホクルーの方向へ、南向きに配置されている。

パイパーズ・ストーンズ（キルデア州）

ブロードリーズ・コモンズにある大きな花崗岩の丸石をほぼ隙間なく並べたストーンサークル。石英石もいくつかある。

バリーキール・ドルメン（アーマー州）

長さ27メートルの巨大な石塚があり、その南端には、高さ2メートルの支石と大きな天井石でできた支石墓がある。

バリーノー（ダウン州）

およそ70個の石でできたストーンサークル。なかには高さ2メートルの巨石もある。冬至の日没の方向を向いている。

バリーバッティン（タラ付近）

外縁の土塁、精巧なストーンサークル、通路を持つ見事な構造物だったが、18世紀半ばに破壊されてしまった。現在はクロップマークが残るだけである。

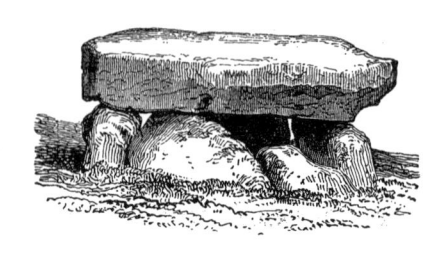

フェニックス・パーク

バリーブリエスト（デリー州）

2つの玄室を持つ墳墓。シュリーヴ・ガリオンの斜面にあり、それ以前の祭祀遺跡や何かを燃やした灰の上に作られている。近隣には巨石墳墓が数多くある。

バリーマクダーモット（アーマー州）

標高183メートルのところにある石室墓で、玄室が3つある。

バルティングラス・ヒル（ウィックロー州）

幅27メートルに及ぶ巨大な羨道墳の遺跡があり、2重の石の輪で囲われている。羨道の先には、美しくカットされた石の鉢が置かれた玄室がある。最初期の羨道墳で、フォーノックスやシーフィンの遺跡同様、北向きの羨道は星の位置を指しており、ダイヤモンド型の模様が石に刻まれている。

ビーモア（ティロン州）

スペリン山地にある数多くの巨石構造物の中でも重要視されている遺跡で、9つのストーンサークルのほか、数多くの石塚、門、通路がある。一部の石の並びは、夏至の日の出の方向を向いている。紀元前1500〜800年ごろにできた。

プールナブローン（クレア州）

石灰岩の台地の上に立つ支石墓。紀元前2500年ごろにつくられた。肉を剥いだと思われる骨（大人20体、子供6体分）が見つかっている。

フォーノックス（ミース州）

石室墓。羨道は短く、3つの壁龕のある広い玄室に通じている。12の石は力強いギザギザ模様で装飾されている。シーフィンやバルティングラスの遺跡同様、北を向いており、星や月の方向を指している。

ヴィーナス山

シャンガナ

ブルー・ナ・ボーニャ（ミース州）
複数の遺跡の集まりで、ニューグレンジはことに有名かつ重要で、羨道は冬至の日の出の方向を向いている。つくられた時代は紀元前3000年ごろにさかのぼる。近くには、同様に重要なドウスとノウスの遺跡がある。

プロリーク（ラウス州）
支石墓。巨大な天井石が、先の尖った背の高い3つの石に支えられている。

ベルタニー（ドニゴール州）
64の立石から成る幅44メートルのストーンサークル。夏の始まりを告げるベルティネの祭りとの関連が指摘されている。

ボホナー（コーク州）
13個の石でできたストーンサークルで、春分・秋分の日没方向を向いている。

リオス（リムリック州）
高さ1メートルほどの土塁を支えにして石を並べた円形のヘンジ。ルーナサーの祭りおよび夏の到来を告げるベルティネの祭りの日の出に合わせた配置になっており、入口にあたる2つの石はサウィンの祭りおよびイモルグの祭りの日没の方向を向いている。紀元前2000年ごろにつくられた。

リッシーヴィギーン（ケリー州）
7つの立石によるストーンサークル。円形の土塁に囲まれており、その外側にも大きな石が2つある。

レガナニー（ダウン州）
アイルランドでもっとも優雅とされる支石墓。一方に高さ1.8メートルの細長い石を2つ、もう一方に先の尖った石を1つ置き、その上に長さ3メートルの花崗岩の石板を載せている。

ロッホクルー（ミース州）
別名シュリーヴ・ナ・カリアッハ（カリアッハの山）。丘の尾根には30を超える羨道墳がある。持ち送り構造の玄室を持ち、彫刻が施された石を27個も有する墳墓、春分・秋分になると太陽光に照らされる白い石柱のある墳墓、ニューグレンジのようならせん模様できめ細かく装飾された石のある墳墓がある。

集会や祭祀の場

　まだ町というものがなかった古代アイルランドの王国にとって、集会や祭祀の場はなくてはならないものだった。だが、やがてヴァイキングが現れ、リムリック、ウォーターフォード、ウェクスフォード、ダブリン、ゴールウェイに都市を築いた。こうしてアイルランドでも市が開かれる都会が誕生したが、古代の祭りの伝統や習慣の多くは、現在まで続いている。

アード・マハ（アーマー州）

ここことエヴァン・マハ（現在のナヴァン）は、古代アイルランド五王国の1つウラズ王国の集会および祭祀の場だった。エヴァン・マハでは、巨大な円形の構造物を建て、そこに大きな石を敷き詰め、それを燃やして泥炭で覆った後に、祭祀の場とした。その灰の下には、大きな円形の家屋が何度も建てられた跡がある。この家屋が重要な意味を持っていたことは、その床下

リムリック州にあったかつてのバールの橋

から、この地では見られないバーバリーマカクというサルの頭蓋骨が発見されていることからもわかる。オイナハ・マハという祭りが近隣で開催されていた。

ウシュナ（ウェストミース州）
標高183メートルの丘。アイルランドの中心に位置し、ここにある泉が12の川の源となっていた。新石器時代以来、ここで2つの巨大な祭祀の炎が燃えていた。アイルランドの女神エリウは、アル・ナ・ミレン（"境界の石"を意味する）の下に眠っており、この石からアイルランドの各王国を分ける国境が伸びている。12世紀に英国王に反抗したジェラルド・オブ・ウェールズによれば、今はイングランドのソールズベリー近くにあるストーンヘンジはもともとこの丘に立っていたという。

オーウェル湖（ウェストミース州）
8月の第1日曜日に行われるルーナサーの祭りで、馬の競泳などが行われた。

カシェル（ティペラリー州）
エオガナハト王国の首都で、その名称はラテン語のカステルム（"砦"の意）に由来する。マンスター地方はエオガナハト一族が支配していたが、10世紀にはブライアン・ボルーに奪われ、その後ムルタ・オブライアンがキリスト教会に献上した。聖パトリックが英雄フィン・マクールの息子オシーンに会ったのはここである。

カールマン
古代アイルランド五王国の1つレンスター王国の集会場だが、具体的な位置はわかっていない。1週間にわたる祭りでは、競馬、王族の墳墓における死者の追悼、一族の系図の読み上げ、そのほかの宗教儀礼が行われた。祭りはレンスター王国の王が取り仕切り、下級の王たちが配下の若者の腕前を競い合った。

キローグリン（ケリー州）
ここではルーナサーの祭りが、パック・フェアという名で残っている。8月に開催され、壇上に鎮座する大きな牡ヤギが祭りを取り仕切る。

グリアノン・オブ・オイロック（ドニゴール州）
太陽神ダグザが建てたとされる高さ5メートルに及ぶ砦がある。名称は太陽の女神グラーニアにちなんでおり、オニール一族の族長の戴冠式が行われた。

クルアハン（ロスコモン州）
古代アイルランド五王国の1つコナハト王国の聖地。タラ、エヴァン・マハ、ドゥン・

ドニゴール州のグリアノン・オブ・オイロック

アレアネなど各王国の聖地と並ぶ集会場として有名である。ルーナサーの祭りでは、裁判、儀礼、国王の戴冠式が行われ、ごちそうや遊戯を楽しんだ。

グル湖（リムリック州）

ノッケイニーから1.5キロメートルほど離れたこの湖では、祭りになると、「フィアナ騎士団の馬や、馬を競わせるのを愛するマンスターの男たちの馬が走った。ミリーの息子たちの草地で、3つの有名な競技会が開催された」という。

タラ（ミース州）

アイルランドの王国の丘の中でももっとも重要な丘。最初期の構造物は"捕虜の塚"で、紀元前3000年ごろのものと思われる。女神ボアンがここに住んでいるとされる。アイルランド上王（地方王の上に立つ王）が住み、即位の儀式が執り行われた。上王はここで行われるバーン・エッシュという儀式を通じて女神メイヴと結婚した。この儀式は、川にサケを、牝牛に子を恵み、豊かなミルクや小麦をもたらした。

デュナメーズ・ロック（リーシュ州）

プトレマイオスの著書にも登場する高さ46メートルの岩。レンスター王国の王が所有していたが、後にレンスター王の娘と結婚するイングランド貴族リチャード・ド・クレアが、妻の持参金として受け取った。

テルタウン（ミース州）

かつてはここで、アイルランドでもっとも有名な祭りが開かれていた。上王が取り仕切り、しばしば戦士同士の戦いが行われたという。1168年を最後に上王が取り仕切ることはなくなったが、祭り自体は18世紀まで続いた。馬の水泳、格闘、模擬戦のほか、"テルタウン・マリッジ"というイベントもあった。男女のカップルを決めて1年間夫婦として暮らし、その後婚姻関係を続けるかどうか決めるのである。

ドゥン・アレアネ（キルデア州）

レンスター王国の祭祀の場。女神ボアンを母、太陽光を父とするフィンドフィラと関係が深い。ここにはかつて、高さ4メートルもの木製の柵を巡らせた巨大な楕円形の構造物があり、それが円形の囲いにつながっていた。

ナラルサッハ湖（ゴールウェイ州）

ガーランド・サンデーに行われるルーナサーで、馬の競泳などが行われた。

バリーキャッスル（アントリム州）

ここにはルーナサーの祭りがラマス・フェアという名で残っている。岬の砦はデュナネニーと呼ばれて、これは"集会や祭祀の砦"を意味する。王国の集会や祭祀の場だったのだろう。

ボイン川（ミース州）

8月初旬には沿岸の各地でルーナサーの祭りが行われ、牛馬を妖精のいたずらや病気から守るためのおまじないとして、この川を泳いで渡らせた。

ケアラン湖（メイヨー州）

ガーランド・サンデーに行われていた祭りでは、この湖にバターを投げ込んで馬を泳がせていた。牛は端綱をほとりの木に結びつけておいたという。

季節の祭

サウィン

収穫期の終わりと冬の到来を告げるケルトの祭り。秋分と冬至の中間にあたる日（10月31日〜11月1日）に行われる。あの世とこの世が通じ合い、あの世の霊や妖精がこの世にやって来るといわれる。

聖ブリギッドの祝日（イモルグ）

春の到来を告げるケルトの祭り。冬至と春分の中間にあたる日（1月31日〜2月1日）に行われる。当初は女神ブリギッドにまつわる祭りだったが、キリスト教の広まりとともに聖女ブリギッドの祝日となった。

ベルティネ

夏の到来を告げるケルトの祭り。春分と夏至の中間にあたる日（4月30日〜5月1日）に行われる。大きなかがり火がたかれ、その炎や煙や灰が、家畜や作物や住民を守るといわれる。

ルーナサー

収穫期の始まりを告げるケルトの祭り。もともとは夏至と秋分の中間にあたる日（7月31日〜8月1日）に開かれていたが、やがてこの日に近い日曜日に開催されるようになった。ケルトの神ルーにちなんだ祭りで、丘や山の頂上に集まり、宗教的な儀式や競技などが行われた。

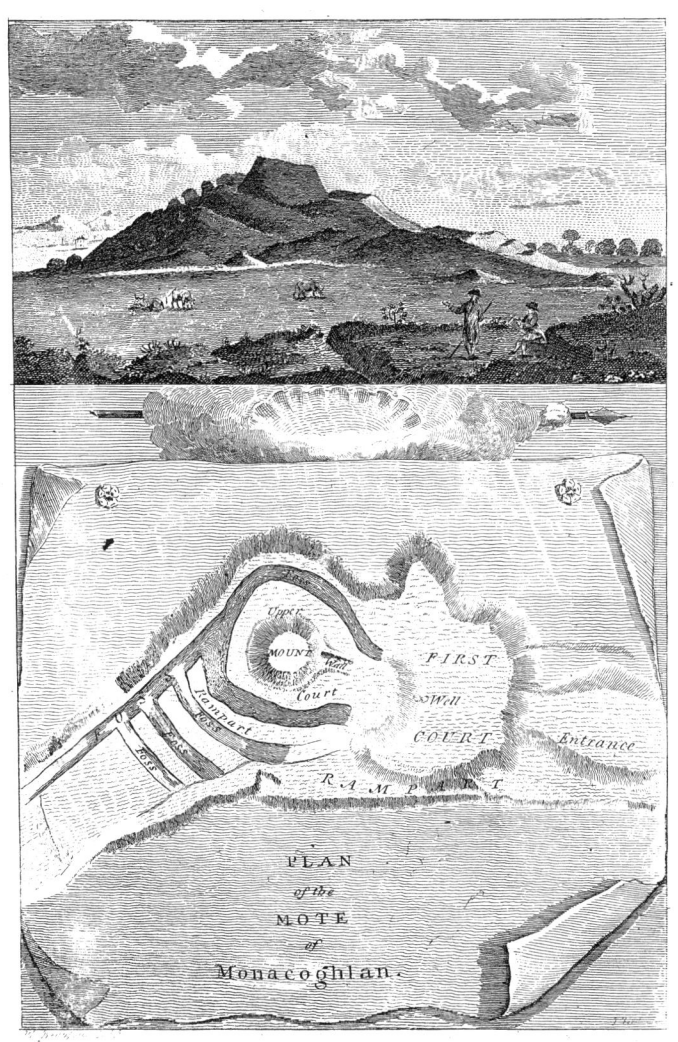

リーシュ州アガボーにあるララの砦

神や人の名前

アーネ(アヌ)
地母神。海神マナナン・マクリルの娘、あるいはノッケイニーの地下に住む異界の王エオガバルの娘と言われることもある。マンスター地方のエオガナハト王朝の祖で、リムリック州のグル湖に人魚として住んでいる。

エリウ
地母神。その名前は、ケルト語で"土地"を意味するイヴェリウに由来する。アイルランドの祭祀の中心地であるミデ地方のウシュナの丘に住んでいる。夫は「太陽の息子」マクグレーネで、母なる大地と父なる太陽との結合を象徴している。

オシーン
父フィン・マクールが率いるフィアナ騎士団の物語の主要人物。中世の物語によれば、古代の知恵や詩を擁護し、フィアナ騎士団を天国に受け入れるよう聖パトリックを説得したという。

カリアッハ・ヴェーラ
地母神。醜い鬼婆から若い娘に姿を変え、若者を深淵におびき寄せる。アイルランド西部で信仰されていた牛の女神が起源とされる。立石の中には、人や動物がこの女神により石に姿を変えられたとされる伝説をもつものも多い。その住処はシュリーヴ・ガリオンの羨道墳だが、ベアラ半島にも住んでいる。収穫の精霊である。

クー・フーリン
神話上の英雄。アルスター伝説の中心人物。現在のラウス州にあるミルヴネで生まれた。一説によれば収穫の神ルーの息子だという。瀕死の重傷を負っても"クー・フーリンの石"に体を結びつけて戦い続けた。

スライゴ州にあるメイヴの石塚

マスク湖のほとりにあるキル・オール

クェーサル

ノアの孫娘。アイルランド最初の入植者をディングルに連れてきた。ある言い伝えによれば、クェーサルはトゥアハ・デ・ダナーン族の女王バンバの娘で、大洪水の40日前に50人の女性、1頭の羊、3人の男性とともにやって来たという。しかしフィンタンという男を除き、全員が死に絶えた。

グラーニア

リムリック州のノックグリーンに住む太陽の女神。その娘クロハン・クレーイールグは、クルアハンのオウェイナガート洞窟に住んでいる。

クロハン・クレーイールグ

太陽の女神グラーニアの娘。クルアハンのオウェイナガート洞窟に住んでいる。この洞窟は、アイルランドで神聖視されている3大洞窟の1つである。名前は"血の赤"を意味し、日没、死、妊娠に関連している。

クロム・ダウ (クロム・クルアッハ)

"黒い異形のもの""闇にうずくまるもの"の意。民間伝承では、聖パトリックに反抗した異教の神とされる。だが当初こそ、反キリスト、悪魔とされていたが、やがてダーラやダグザと混同され、聖パトリックに大釜や牡牛を捧げて改心したと考えられるようになった。ルーナサーの祭りの日がしばしばクロム・ダウの日曜日と称されるのは、伝説に登場するルーと雷と嵐神バロールの戦いがキリスト教化され、聖パトリックとクロム・ダウの対決に置き換えられたからである。

さ迷えるスウィーニー

ケリー州の伝説に登場する7世紀の王。狂気に陥ったが、グリャン・ナ・ニャルト(ギャルトの谷)の泉で癒された。言い伝えによれば、狂気にとりつかれたアイルランド中の人がここに集まり、泉の水を飲み、そこに生えるクレソンを食べたという。

シーラ・ナ・ギグ

出産する女性を守る超自然的存在。女性である。民間伝承によれば聖パトリックの妻だという。3月18日はこの女性の祝日とされる。

スコタ

ケリーに上陸した初期の入植者ミレー族の想像上の祖。シュリーヴ・ミッシュ山地に埋葬されている。その名称は、アイルランド人を意味するラテン語の女性形であり、侵略者を意味する言葉を語源としている。もともとはローマ・ブリテンを襲撃したアイルランド人を指していたのだろう。

ダーラ

アーマーの住人(ダリニ族と呼ばれた)に尊崇されていた太陽神ダグザの別の姿。貴重な大釜、美しい馬、大きな牛を持っており、アーマーを聖パトリックに譲った。

ダグザ

ケルト人の太陽神。ニューグレンジに住み、女神ボアンとの間にエーンガスをもうけた。その大釜はあらゆる者の腹を満たし、その棍棒で人を叩けば、生者は死に、死者は生き返ったという。

トゥアハ・デ・ダナーン族

金属の知識を伝えた初期の入植者。後に神々となった。この名称は、"地域の神々"を意味する大陸ケルト語トータティスに由来する。彼らがアイルランドの神話に登場するようになったのは、アイルランドを侵略したケルト人が、古代アイルランドの聖地をトータティスの住処と呼んだことにはじまると思われる。

ドウン

闇の死に神。ダグザのあの世における相。ケンメア湾の島にあるチャハ・ディーン("ドウンの家"の意)に住んでいる。「誰もが私のもとへ、私の家へ来る」と、ノックフィーリーナの自分の家へ死者を呼び寄せる。夜には白馬に乗って駆け巡るという。

パトリック(聖)

5世紀後半に活躍したアイルランドの守護聖人。若くしてアイルランドに奴隷として売られ、その地で6年間を過ごしたが、やがて主人の目を逃れて故国へ帰った。その後聖職者になると、再びアイルランドに渡り、キリスト教の布教に専心した。死亡した3月17日は聖パトリックの祝日とされる。

ニール

ノアの玄孫のエジプトのファラオ。スコタの父。アイルランド民族の起源を聖書につなげる存在であり、アイルランド人に多いニアールという名前はこの伝説上の人物に由来している。

ネヴェズ

アイルランド第3の入植者。12の平原を開拓し、ウシュナに初めての火をともした。妻は女神マハ。

バイヴ・カハ

死を知らせる戦士の女神。オオガラスとして現れ、戦場の上を飛び回る。三相女神アヌ(アーネ)の1柱とされ、妖精バンシーとも同一視される(バンシーはバイヴ・クィーンチェとも呼ばれ、バイヴ・カハに通じる)。アーン湖のボア島は、この女神の名前に由来する。

パルホーロン

アイルランド第2の入植者。妻と3人の息子とともにメイヨーに上陸した。その家臣であったビョールは初めての宿坊を作り、ビャリャーは料理をし、マラリャハは酒を醸造したという。牛をアイルランドに連れてきたのはこのパルホーロンである。フォモール族と戦い、子孫は520年後に疫病で死に絶えた。

バロール

"閃光を放つもの"の意。雷と嵐の神。その目は敵を打ち砕くとされる。マイズン・ヘッドに住んでいるが、ボレリン、コーンウォール、ヘブリディーズ諸島にも住むといわれる。

バンバ

トゥアハ・デ・ダナーン族の女王。アイルランドに150人の女性と3人の男性を連れてきたことから、アイルランドはかつて"バンバの女性たちの島"と呼ばれた。シャノン川のほとりのトゥル・トーニェの丘に立っていたために、大洪水を免れたという。

フィル・ヴァルウ族

第3の入植者ネヴェズの子孫の一族。その5人が、ミデ地方のウシュナの丘を中心に、アイルランドを5つに分割して統治した。しかしトゥアハ・デ・ダナーン族に破れ、アイルランドの西端に逃れた。アラン諸島のドゥン・エーンガスは、この一族の王エーンガス・マク・ウーヴォルの砦だった。

フィン・マクール

伝説上の英雄として名高い。戦士、予言者、詩人、狩人である。知恵のサケを食べて予知能力を身につけた。頭巾をかぶると動物に姿を変えられる。ジャイアンツ・コーズウェーを創り出したのも彼である。その能力、名前、金髪、紡ぎ出す詩、いずれも、初期の神話に登場する半神の予言者フィンを起源として受け継いだものだ。

フィンヴァラ

コナハトの妖精の王で、ノックマーの丘で妖精の国を支配している。その名前はもともと、この丘の上の石塚を指していたものと思われる。美しい女性を妖精の国におびき寄せる。妖精たちとハーリングという競技を行い、王のチームが勝てば、コナハト王国の作物は豊かに実るという。

フォモール族

アイルランド北部および西部の外れに住む、おぞましく獰猛な巨人族。インド=ヨーロッパ語族の神話には、光り輝く聖なる種族と闇の種族との戦いが数多く見られるが、アイルランドではトゥアハ・デ・ダナーン族が前者を、フォモール族が後者を代表している。

ブリギッド

"崇高なるもの"の意。詩と豊穣の女神。春の初めにはこの女神の祝祭イモルグ（"授乳"の意）が行われる。ダグザは3人の娘をもうけたが、彼女たちはみな同じブリギッドという名を持ち、その3人が一体となり三相女神となった。家畜を守護し、母神の相を持つ。

ブレンダン（聖）

キリスト教初期の聖人。ケリー州のブランドン山と関係が深い。ブレンダンの驚くべき航海については伝説がたくさんある。ブランドン山はかつて太陽神ダグザに捧げられていたため、ブレンダンをダグザの孫とする記述もある。

ボアン

"白い牝牛"を意味する。ボイン川と天の川はこの女神から流れ出たとされる。知恵を分け与える女神で、ボイン川の流れは女神の知恵や詩を届けるといわれている。太陽神ダグザと交わり、この世に豊

タラから続く街道の果てにあるアントリム州ダンセヴリック

穫をもたらす。予知能力や知恵に長けたフィン・マクールは2人の子供である。

ボーヴ・ジャルグ
トゥアハ・デ・ダナーン族の1人。軍師の神で"マンスターの異界の王"と呼ばれる。ティペラリー州のシュリーヴナモンを住処としており、ダグザの友人でもある。

マハ
もともとは単に"ある区画の土地"を意味する言葉だったが、やがてアルスター地方の王権の女神モール・リーアンと同義となった。エヴァン・マハはこの女神の住処だった。馬と関連が深く、妊娠したマハが馬と競争をして勝ったという神話もある。

マナナン・マクリル
海の民族の祖神で海神とされ、天候を操ったと言われる。マン島を玉座とし、水生植物を神聖視した。

ミディール
トゥアハ・デ・ダナーン族の王。ブリ・レイ(現在のロングフォード州のシュリーヴ・ゴルリー)にある異界の妖精の国の王でもある。ボアンとダグサの子エーンガスの育ての親で、彼にブルー・ナ・ボーニャを手に入れる方法を教えた。

ミレ(スペイン王ミル)
『アイルランド来寇の書』に登場するアイルランド人の祖。アイルランド人の起源を聖書に基づいて説明するために創作された。その息子たちは、シュリーヴ・ミッシュ山地でトゥアハ・デ・ダナーン族を打ち破った。

メイヴ
タラの王権を授ける酩酊の女神。酒や馬と関連があり、新たに王となるあらゆる者と交わり、虜にしたという。もともとはケルト人の女神メドゥヴァだった。リャハヤルグという別称は"半分の赤"を意味するが、これは"半分の血"に通じ、王権に関係していると思われる。

モール・ムーン
古代アイルランド五王国の1つマンスター王国の玉座があったカシェルの王権の女神。もともとはアイルランド南西地方の女神だったが、後にエオガナハト王国がこの地を征服すると、この女神に対する信仰が広まっていった。

ルー
古代のケルト人の神ルグスと同一視される。誓言や収穫の守護神で、もともとはルーを讃える祭りとしてルーナサーの儀式が生まれた。母方の祖父を殺すエピソードは、ギリシャ神話に由来すると思われる。

著者 ● ヘクター・マクドネル

画家・歴史家。現代アイルランドの自然、都市を描いた画風に定評がある。
Ireland's Other History など著書多数。

訳者 ● 山田美明（やまだ よしあき）

英仏翻訳家。主な訳書に『風水』『ハーモノグラフ』（本シリーズ）、『大戦前夜の
ベーブ・ルース』（原書房）など。

ケルト、神々の住む聖地　アイルランドの山々と自然

2014年2月20日第1版第1刷発行

著　者	ヘクター・マクドネル
訳　者	山田 美明
発行者	矢部 敬一
発行所	株式会社 創元社
	http://www.sogensha.co.jp/
本　社	〒541-0047 大阪市中央区淡路町4-3-6
	Tel.06-6231-9010　Fax.06-6233-3111
	東京支店
	〒162-0825 東京都新宿区神楽坂4-3 煉瓦塔ビル
	Tel.03-3269-1051
印刷所	図書印刷株式会社
装　丁	WOODEN BOOKS／相馬 光（スタジオピカレスク）

©2014 Printed in Japan
ISBN978-4-422-21466-5 C0339

＜検印廃止＞落丁・乱丁のときはお取り替えいたします。

JCOPY ＜(社)出版者著作権管理機構 委託出版物＞

本書の無断複写は著作権法上での例外を除き禁じられています。複写される場合は、そのつど事前に、
(社)出版者著作権管理機構(電話 03-3513-6969、FAX 03-3513-6979、e-mail: info@jcopy.or.jp)の許諾を
得てください。